V. Exemp. ou dépor broc
dans les boutch.

DES TYPES ET DES MANIÈRES

DES

MAITRES GRAVEURS.

DES TYPES ET DES MANIÈRES

DES

MAITRES GRAVEURS

POUR SERVIR A L'HISTOIRE DE LA GRAVURE

En Italie, en Allemagne, dans les Pays-Bas et en France.

PAR

JULES RENOUVIER.

XVe SIÈCLE.

MONTPELLIER.

BOEHM, IMPRIMEUR DE L'ACADÉMIE, PLACE CROIX-DE-FER.

1853.

SOMMAIRE.

~~~~~~

DES TYPES ET DES MANIÈRES DES GRAVEURS

INTRODUCTION.

~wwww~

La beauté, considérée relativement et dans ses applications particu
lières, telle que l'art peut la comprendre et l'exprimer, est universelle
diverse comme la nature et comme le temps. Tous les lieux la possède
sous un aspect propre ; toutes les époques la produisent avec un carac
tère différent.

A un autre point de vue sans doute, tout métaphysique, la beauté e
une, absolue, la même pour tous, et les philosophes, pour en donne
l'idée, se sont exercés à en chercher des définitions plus ou moins juste
depuis Socrate, pour qui le beau est l'incorruptible, jusqu'à Goëthe, qu
fait consister le beau dans l'expression. En étudiant l'art conformément
cette méthode, en y recherchant un beau idéal constant, on a trouvé qu'
avait été donné à certaines nations et à certaines époques, d'approcher d
plus près sinon d'atteindre cette beauté absolue : les Grecs, dans la sculp

ture au V° siècle avant notre ère, les Italiens, dans la peinture au XVI°
siècle, ont été ces peuples privilégiés. Cependant on se refuse à croire
les autres peuples privés du sentiment de la beauté et dénués de monuments d'art susceptibles de plaire et d'exciter l'admiration. L'archéologie,
en étudiant sans partialité toutes les époques, a amené dans les esprits
cette conviction qu'il n'y avait pas sous ce rapport de peuple deshérité.

La diversité est la condition de l'humanité, c'est sa vie même, et l'art
trouve une beauté, exprime un idéal dans tous les termes de cette vie ;
une beauté propre ressortit et se proportionne à chaque pays, à chaque
époque. Pour la facilité des recherches et la clarté des études, on doit ja-
lonner d'intervalles ce développement de beauté, le diviser par siècles
et par nations, mais en réalité il n'a pas de borne ; chaque groupe, chaque
individu et chaque objet en tient sa part.

Le beau divers peut être étudié dans l'antiquité, où plusieurs peuples
l'ont produit avec des caractères personnels, comme les Égyptiens,
les Assyriens, les Grecs, les Italiens ; où chaque peuple nous montre
en outre dans son art, des variations nombreuses de localité, des mouvements répétés et compliqués de progrès et de décadence. Il peut
être étudié parmi les peuples séparés de notre histoire, les Indous, les
Américains, les Chinois dont les arts, bien que peu conformes à nos mœurs,
nous révèlent cependant des qualités originales. Il peut être étudié dans
le moyen-âge, où nous voyons se produire des genres distincts dans les
arts des nations renouvelées, chez les Byzantins, les Arabes, les Francs.
Le beau divers peut être étudié enfin, dans les temps modernes, où, avec
des conditions rendues en apparence uniformes par des relations incessan-
tes, les arts des nations de l'Europe gardent encore sous nos yeux tant
de caractères locaux.

En parcourant la série, aujourd'hui si nombreuse et si variée des statues antiques que l'archéologie a déterminées, des statues gothiques qu'elle
a réhabilitées ; à côté des statues asiatiques qui commencent à se montrer
dans nos musées ethnographiques, et des statues créées par le ciseau
des artistes modernes, on rencontre partout un art divers montrant la
beauté singulière et isolée, qui lui a servi de type : en Égypte et en
Assyrie, le Rhamsès colossal de Thèbes, le Darius de Persépolis, le Taureau

androcéphale de Ninive ; en Grèce et à Rome, la Minerve d'Égine, la Vénus de Milo, l'Antinoüs de la villa Albani ; dans l'Asie et l'Amérique, l'Avatar Bhadra colosse aux bras multiples des caves d'Ellora, la prêtresse Aztéque de Mexico, le Buddha du temple de Borobodo de Java; dans la France gothique, la Clotilde du portail de Rheims, le Christ de Chartres, la Vierge de Notre-Dame de Paris; au temps de la Renaissance, la Nuit de Michel Ange, la Diane de Jean Goujon ; plus près de nous enfin, l'Andromède du Puget, la Vénus de Houdon. Partout on reconnaît une manifestation de la beauté infiniment variée, et toujours proportionnée au temps et au lieu, parce que le sculpteur ne peut donner au dieu qu'il adore, à l'homme qu'il révère, à la femme qu'il aime, que des formes prises dans les conditions qui l'environnent.

Mais si l'on veut se rendre un compte plus exact encore des changements et des progrès de l'art, il ne faut pas tant s'attacher à la perfection absolue ni considérer seulement les monuments de sculpture, dans l'exécution desquels les anciens ont manifesté des qualités qui semblent, en effet ne plus devoir se reproduire ; on doit observer surtout les moyens nouveaux qui ont rendu l'art plus accessible et plus étendu. Les peintres modernes en possession de la couleur à l'huile, ont su rendre les sujets présentés par l'histoire et les aspects variés de la nature avec une vérité dont les tableaux anciens n'approchèrent jamais. Ils ont exprimé toutes les passions, reproduit toutes les attitudes, composé toutes les scènes, représenté tous les costumes, tous les sites; ils ont fait revivre hommes, animaux et végétaux en leur donnant comme une autre lumière ; et ils ont opéré toutes ces créations dans des manières diversifiées à l'infini, en sorte que la peinture nous donne la physionomie, non seulement de chaque pays mais de chaque maître, et nous révèle l'homme tout entier vivant encore avec toutes ses passions dans son tableau. L'Italie, l'Allemagne, la Hollande, la Flandre, la France et l'Espagne revivent dans des écoles, qui, contemporaines ou successives, possèdent chacune sa manière de composer, de dessiner, de colorer. Maintenant on peut bien comme exercice littéraire, comparer, classer entre elles ces écoles; on peut suivant son goût, établir des préférences, mais on ne saurait les réduire et les sacrifier les unes aux autres sans amoindrir le domaine de l'art. L richesse de l'art est précisément dans la diversité des écoles ; dans le sein de ces écoles même, chaque artiste éminent possède ses qualités propres, à côté des qualités qui lui sont communes avec ses contemporains et ses compatriotes. Ici encore on peut comparer, classer les manières, les préférer ou les subordonner, mais on ne saurait les proscrire sans mutiler l'art, sans méconnaître la puissance, la richesse et la diversité de la nature même, que chaque artiste a exprimée comme il l'a vue et comme il l'a sentie.

A la suite de la peinture, dans des proportions moindres, un autre art tout moderne, la gravure, l'impression sur papier des planches de bois ou de cuivre gravées au burin ou à la pointe, a eu des résultats bien frappants. Par la souplesse de ses procédés, elle s'est prêtée à tous les caprices, à toutes les délicatesses du dessin ; par la propagation de ses produits, elle a répandu et popularisé d'innombrables sujets de culte, d'instruction, de famille ; elle a ouvert un champ nouveau au génie des artistes, pour lesquels rien de si petit n'existe qui ne puisse devenir grand par l'interprétation qu'ils en donnent ; elle a multiplié à l'infini les manières de figurer la beauté.

Je me propose de rechercher ces variétés de manières et de types dans les estampes, depuis la découverte de la gravure vers le milieu du XVe siècle, pendant le XVIe et une partie du XVIIe. La gravure à cette époque et telle que je la considère, n'est point cet art secondaire et dépendant de la peinture, que nous avons vu prévaloir ensuite, mais un art original qui a ses écoles et son histoire. J'ai tâché de connaître la formation des écoles propres des graveurs, ou, si ce mot d'école paraît trop ambitieux, des groupes de graveurs, dessinateurs qui se sont formés par enseignement, imitation ou analogie de travail, dans le pays natal ou dans la ville d'adoption des artistes, par l'apparition d'un novateur ou l'arrivée d'un étranger, par l'influence d'une école de peinture ou par un écart de la voie commune. J'ai cherché à analyser chaque manière indigène et traditionnelle, à suivre les modifications qu'elle éprouvait ; j'ai voulu, enfin, marquer chaque graveur avec son individualité, dans le milieu où il s'est produit. Dans ce but, ayant à faire un choix parmi les nombreuses estampes que présentent les belles collections, j'ai dû prendre de préférence les pièces originales, celles où paraît l'invention, la nouveauté, et encore les pièces contemporaines des compositions qu'elles reproduisent; on y saisit une conformité de manière que des gravures postérieures ne peuvent atteindre, quelle que soit d'ailleurs la supériorité de leur main-d'œuvre. Enfin, pour mieux préciser mon sujet et analyser plus exactement les diversités de beauté que je recherchais, je me suis borné à un nombre limité de sujets et de figures.

Entre toutes les images de théologie, d'histoire ou de fantaisie que la gravure a propagées, il y a des figures qui, dans leur généralité et leur opposition, se sont mieux prêtées à toutes les manières des graveurs, et qui reproduisent avec plus de saillie, dans leur expression et leur dessin, l'idée qu'ils ont eue, la nature qu'ils ont vue. C'est d'une part la Vierge, que l'artiste a pris constamment pour type suprême de piété et de douceur, et le Christ, qu'il a choisi comme patron de bonté et de puissance. Le dessin des graveurs a rendu ces modèles de mille façons, depuis les figures hiératiques du XVe siècle, jusqu'aux figures mondaines du XVIIe. Dans un ordre d'idées opposé, la figure de Vénus était naturellement le parangon de la beauté et de la grâce; aucun artiste ne s'est passé de la reproduire. Quand ce n'était pas sous le propre nom de la divinité du culte grec, il exprimait toujours son idéal de beauté et de grâce en prenant dans le même sens quelque autre figure fournie par les théologies ou les histoires : Ève, Judith, Bethsabée et Madeleine viennent remplir dans les estampes un rôle analogue à celui de Vénus, Diane, Lucrèce ou Cléopâtre.

Qu'on ne s'offense point du rapprochement de types si opposés, ils sont aussi fort rapprochés dans la vie; l'homme les cherche tour à tour et en nourrit ses illusions; l'art s'en est toujours simultanément inspiré. J'entends d'assez près une objection scrupuleuse: christianisme et paganisme, me dit-on, pourquoi confondre les extrêmes; l'un béni, honoré et cultivé par la littérature vraie et les arts honnêtes, l'autre réprouvé et maudit avec les littératures fausses et les arts corrompus? Peine inutile, répondrai-je, notre nature est faite ainsi, non pas précisément au gré des formalistes, mais idéale et matérielle, chrétienne et payenne tout à la fois. Dans l'art, son miroir fidèle, pas de bon chrétien qui ne soit un peu payen, pas de payen déterminé qui ne soit un peu chrétien. Le sculpteur polythéïste Phidias a donné aux vierges des Panathénées du Parthenon, une décence et une modestie très-religieuses. Le maître mystique de l'école Ombrienne, Pérugin, a peint un combat de l'amour et de la chasteté, où cette vertu est peu respectée. Le moyen-âge, dont on préconise l'austérité, a eu dans la poésie et dans la sculpture ses sujets joyeux et même impurs ; nos graveurs, quels que soient leur école et leur culte, ont servi de leur crayon tous les dieux, tous les héros. Tel a été surtout le caractère des grands artistes de la Renaissance, cette splendide éclosion de l'esprit moderne, que de nouveaux iconoclastes voudraient damner au profit d'une renaissance gothique; comme s'il n'était pas possible de reconnaître ce que les arts ont pu faire de grand et d'original au XIII° siècle, sans y sacrifier tout ce qui s'était fait de beau dans l'antiquité, tout ce qui s'est fait de nouveau dans les temps modernes.

L'historien ne doit pas soumettre l'art à un rigorisme de concile, pas plus qu'il ne doit le mesurer à un poncis d'académie : la figure qui surgit et brilla à une époque, quels que soient d'ailleurs son mérite intrinsèque et sa valeur actuelle, a le mérite d'avoir plu, d'avoir été belle ; c'est cette beauté historique qui l'intéresse. En outre, aux yeux de l'antiquaire, ce ne sont pas seulement les sommités qui comptent; l'estampe inférieure et tracée d'une main négligente, a droit de fixer son attention, lorsqu'elle rend une singularité de manière, un sujet curieux que n'a pas rencontré la main d'un maître.

Il m'a donc semblé que le dessin qui se produit directement par la gravure, portait une empreinte du temps, du lieu et de l'homme, plus accessible à tous. Sans aborder les estampes historiques proprement dites, lorsqu'elles n'ont pas de valeur esthétique, j'ai constamment cherché dans les estampes la trace historique, locale, biographique. Tout en me restreignant le plus souvent aux types que j'ai indiqués, j'ai trouvé que ces types ne faisaient que reproduire le personnage qui avait marqué dans les événements du temps et influé sur la vie de l'artiste; l'artiste prenant ordinairement pour idéal le spectacle de sa jeunesse, pour beauté la passion de son cœur.

La poésie aussi consultée quelquefois, m'a donné des figures qui, tout imaginaires qu'elles paraissent, ne sont encore que des portraits du temps, et j'ai pu les comparer avec intérêt aux figures qui peuplent les estampes. Ce n'est pas seulement dans les livres illustrés que la poésie et la gravure se sont rapprochées; il y a entre les deux arts, à chaque époque, un rapport qu'on doit reconnaître sans l'exagérer : le poète indiquant l'idéal des formes à produire, le dessinateur donnant un corps à l'idée qui occupe l'imagination.

Si, par insuffisance des estampes que j'ai pu parcourir, ou par défaut de clairvoyance dans l'analyse et l'interprétation que j'en ai données, je n'ai pas résolu les thèses esthétiques que je viens d'indiquer et qui resteront longtemps controversées, il y a du moins au bout de ces recherches, un résultat plus simple dont l'utilité ne sera pas contestée : elles présentent un classement d'estampes.

Tous les iconophiles ont été frappés du chaos que présentent les collections d'estampes un peu nombreuses. L'ordre alphabétique admis dans les catalogues n'est pas un classement et n'apporte à l'esprit aucune instruction. Le classement par écoles de peinture et par peintres, a le défaut de subordonner la gravure et de ne tenir aucun compte de son développement particulier. Le classement par genre de sujets, d'une certaine utilité pratique, a l'inconvénient grave de dépécer les artistes et d'effacer toutes les individualités. Enfin le classement chronologique et géographique, le seul rationnel et complet, est resté très-difficile à appliquer, faute de méthode dans l'histoire de la gravure. J'en ai cherché une. J'ai essayé l'histoire comparative des manières des dessinateurs, graveurs en bois, au burin et à l'eau-forte, dans les écoles d'Italie, d'Allemagne, de Hollande, de Flandre et de France, depuis 1450 jusqu'en 1648; depuis l'apparition des livres à planches de bois jusqu'à la fondation de l'Académie royale de peinture, sculpture et gravure.

QUINZIÈME SIÈCLE.

I.

Les graveurs des livres xylographiques.

1. Je ne me propose pas de traiter ici les questions difficiles et délicates, concernant l'origine de la gravure en bois. Tout moderne et tout réduit qu'est ce point d'histoire, rien n'y manque pour la controverse : légendes, monuments perdus, pièces supposées, découvertes suspectes, textes obscurs, témoignages intéressés et rivaux.

Un chevalier Cunio, et sa sœur Isabelle, ont-ils imaginé à Ravenne, en 1285, de graver avec un petit couteau sur des plaques de bois huit sujets des valeureux faits du grand Alexandre, et de les marquer sur le papier, tels que les décrit très-exactement Papillon [1]?

Faut-il chercher les premiers graveurs d'estampes parmi les faiseurs de cartes à jouer, dont l'usage paraît connu en Italie en 1299 [2], et en France en 1323 [3]?

Le décret du gouvernement de Venise de 1441, prohibant l'entrée de tout ouvrage estampé ou peint sur toile et sur papier, afin de relever l'art et le métier des cartes et des images qui était déchu, prouve-t-il suffisamment que la gravure sur bois était déjà pratiquée avant le XVᵉ siècle par les Vénitiens, qui en auraient reçu communication des Chinois ou des Japonais avec lesquels ils commerçaient?

Les découvertes d'estampes isolées annoncées à Lyon [4], à Bruxelles [5],

---

(1) *Traité de la gravure en bois*, 1766, tom. I, pag. 84.

(2) Manuscrit cité par Tiraboschi. *Istoria della litteratura*, tom. VI, pag. 119. Éd. de Modène, 1788.

(3) Manuscrit de Renard-le-Contrefait cité par Jansen. *Essai sur l'origine de la gravure*, etc., 1808. 2 vol. in-8º.

(4) Le portrait d'un médecin de Nuremberg en 1384. Delandine; *Catalogue de la Bibliothèque de Lyon*. Paris, S.-D., tom. I, pag. 45.

(5) La madone de la Bibliothèque de Bruxelles, dont on a fait quelque bruit il y a cinq à six ans pour sa prétendue date de 1418, est une estampe dans un état de conservation très-com-

à Leipzig [1], données comme antérieures à toutes les pièces connues, sont-elles d'une authenticité reconnue ?

Les plus anciennes estampes à date authentique, comme le *Saint-Christophe* de 1423, le *Martyre de Saint-Étienne* de 1437 [2], le *Calvaire* de 1443 [3], et les estampes sans date, dont le style et l'exécution indiquent les premières années du XVe siècle, comme la *Sainte-Brigitte* du comte Spencer [4], l'*Annonciation*, trouvées dans le même manuscrit que le *Saint-Christophe* [5], ont-elles été exécutées en Allemagne, dans les Pays-Bas ou en Italie ?

Toutes ces questions ont été pertinemment discutées par Heinecken, par Zani, par Ottley et par d'autres ; si elles ne sont pas définitivement résolues, c'est que les pièces font défaut. Depuis Vasari, à qui nous devons les premiers renseignements pour l'histoire de la gravure, le temps en a révélé un grand nombre ; sachons attendre les autres.

Maintenant, pour le but particulier que je me propose, il me suffit de constater que, vers le milieu du XVe siècle, en même temps que les livres imprimés venaient se substituer aux manuscrits, les gravures sur bois prenaient la place des miniatures. A quelques égards, ce progrès pouvait paraître une décadence. L'invention de la gravure fut un signal de mort pour la peinture en miniature, et l'on sait de quel éclat brillait cet art depuis le XIIIe siècle ; c'est ce qu'exprime nettement un miniaturiste de Sienne en 1491, Bernardino di Michel Angelo Ciagnoni : *Pell'arte mia non si fa piu niente ; l'arte mia e finita per l'amore de libri che si fanno in*

---

promis, traitée dans la manière des anciennes planches de bois, mais que son dessin mou ne permet pas de placer dans la première moitié du XVe siècle. Un iconophile belge, M. de Brou (*Quelques mots sur la gravure, au millésime de 1418*, Bruxelles, 1846), a montré par des exemples de costumes très-ingénieusement comparés, que les figures de cette estampe s'éloignaient de cinquante ans au moins de la date qu'on y lit, après une restauration malheureusement trop zélée.

(1) *Lettres d'indulgence du pape Grégoire XII*, estampe publiée par M. Weigell et discutée par M. de Laborde : *Débuts de l'imprimerie à Mayence*, in-4o, 1840, App.

(2) Heinecken ; *Neue Nachrichten*. Dresde et Leipzic, 1786, in-8o, pag. 143.

(3) Jansen ; *Essai*, etc., tóm. I, pag. 236.

(4) Ottley ; *Inquiry into the origin and early history of Engraving*. London, 1816, pag. 86.

(5) *Ibid.*, pag. 91.

forma che non si miniano piu [1]. La transition s'opéra graduellement. On peut remarquer comme caractère commun aux estampes de ce temps, que les figures aussi bien que les fonds, les terrains, les arbres, les édifices y sont faits au simple trait, à peine ombrés de quelques hachures, et propres à recevoir une enluminure qui vient leur donner l'effet dont elles manquent absolument : c'est ainsi qu'on les rencontre le plus souvent. Cette enluminure est légère dans les estampes sur papier ; mais dans les exemplaires sur vélin, elle couvre si bien la gravure, qu'on les prendrait pour de véritables miniatures. Toutefois, ce n'est là qu'un caractère extérieur. Ce qu'il importerait de signaler dans ces premières estampes, c'est leur style ; elles sont gothiques, dit-on, et l'épithète qui tenait lieu autrefois de toute critique paraît aujourd'hui tenir lieu de tout autre éloge. Oui, sans doute, les estampes primitives ont cette expression religieuse et naïve, cette exécution à la fois rudimentaire et précieuse qui marquent les peintures et les sculptures du XVe siècle ; mais n'y peut-on pas découvrir des qualités plus précises, des traits de physionomie et de costume, des différences de travail et de manière qui dévoilent leur pays et leur école ? Voilà la question que je voudrais élucider. Dans les peintures gothiques, on distingue bien aujourd'hui les Écoles de Cologne, de Bruges, de Florence ; dans les sculptures, on ne confond plus les Écoles de Pise, de Dijon, de Nuremberg. Je voudrais rechercher s'il n'y a pas aussi parmi les graveurs primitifs des différences d'écoles ; j'examinerai à ce point de vue les principaux livres à planches de bois, qui ont été du reste fort amplement décrits par les bons calcographes que j'ai déjà cités. Je ne reprendrai pas l'analyse de Zani [2], de Ottley ; mais leur opinion sur le point que je viens d'indiquer doit être rappelée et servir de base à toute recherche ultérieure. On s'aperçoit trop combien les ouvrages de ces savants iconographes, capitaux dans l'histoire de la gravure, sont ignorés en France, où, il faut le dire, la connaissance des estampes est moins cultivée et moins avancée qu'à l'étranger.

---

(1) Gaye; *Cartegio inedito d'artisti*. 3 vol. in-8°, Firenze, 1839, tom. I, pag. 267.
(2) *Enciclopedia metodica delle belle arti. Parte prima e parte seconda*. 19 et 9 vol. in-8°, Parma, 1817-1824.

2. La BIBLE DES PAUVRES, *Historia veteris et novi Testamenti*, est, selon Heinecken [1], le premier livre à figures sans texte. Le style grossier et gothique y rappelle les premiers dessinateurs allemands , avant Martin Schongauer et plus particulièrement le maître **b. ø.** [2]. Un manuscrit du XIV° siècle produisait plusieurs de ses sujets, et la tradition en attribuait la composition à S. Ansgarius, évêque de Hambourg et de Brême. Le cloître de Brême contenait même plusieurs bas-reliefs, qui avaient paru au savant iconophile offrir de l'analogie avec les scènes représentées sur le livre.

L'appréciation de Zani est plus positive. La Bible des pauvres est, pense-t-il, le travail d'un bon artiste; ses figures gravées en contours gris, ombrés dans quelques parties de tailles grossières toujours parallèles, sont pour la plupart assez bonnes de composition et de dessin; il est allemand, et il travaillait vers 1460. Les tailles marquant les ailes des anges, les pieds chaussés et nus de plusieurs figures , la richesse des vêtements, la forme des manteaux , les arbres et plusieurs autres accessoires ont la même manière que dans les anciennes estampes au burin de l'École allemande, et présentent une analogie particulière avec le maître anonyme dont nous avons, entre autres pièces, les douze apôtres et les quatre évangélistes [3]. Ce maître anonyme travaillant vers 1460, a probablement fait le dessin des planches de la Bible des pauvres , qui auront été gravées par l'un des ouvriers tailleurs de bois employés par Guttemberg et par Fust.

Ottley, après un examen détaillé du livre , où il relève la beauté et la grandeur de style de plusieurs figures , l'heureuse composition de plusieurs groupes , distinguant autrement qu'on ne l'avait fait avant lui les différentes éditions et les additions successives de planches , n'hésite point à regarder les plus anciennes et les plus remarquables, comme l'ou-

---

(1) *Idée générale d'une collection d'estampes.* Leipsic et Vienne, 1771, in-8°, 6° classe, de l'École allemande, de l'invention de la gravure et des premiers livres.

(2) Ce maître au burin, appelé généralement Bartholomi Schoen, est reconnu aujourd'hui comme postérieur à Martin Schongauer, dont il a copié plusieurs estampes. Il en sera question plus tard.

(3) Ces pièces sont portées par Bartsch, dans l'œuvre du maître de 1466 qui en contient même deux suites de format différent; Zani, qui connaissait pourtant bien ce maître, paraît ici en désigner un autre ; je ne les ai pas vues dans un état assez complet pour vérifier l'assertion.

vrage d'un artiste des Pays–Bas ou de la Hollande, qui pourrait bien remonter jusqu'à l'an 1420. Les planches ajoutées dans les éditions postérieures allemandes de 1462, seraient seules d'un artiste allemand; elles sont
du reste, suivant l'iconophile anglais, d'un mérite fort inférieur, et donnent une pauvre idée de l'état des arts dans la Franconie à cette époque.

3. Le MIROIR DE RÉDEMPTION, *Speculum humanæ salvationis*, a été jugé
moins diversement. Heinecken remarque que les vignettes ont été taillées
dans un bois dur, compacte et très–propre à rendre la finesse et la correction des figures. Le dessin quoique gothique, trouvait–il, et analogue à
celui de la Bible des pauvres, est d'une plus belle exécution, d'un meilleur
goût et d'un des plus vaillants maîtres du temps. L'habileté et l'esprit
dont il a fait preuve sont même dignes à certains égards des meilleurs
artistes modernes. L'iconophile de Dresde pensait d'ailleurs que ce livre
était un produit de l'Allemagne. Le texte avait dû être imprimé au temps
même de l'invention de l'imprimerie et les figures taillées longtemps avant,
pour servir à un manuscrit.

Zani pensait aussi que le Miroir de rédemption était postérieur à la Bible
des pauvres; il y trouvait une finesse plus grande d'exécution et un dessin
plus sûr; la manière avec laquelle avaient été rendues les extrémités des
figures, les draperies, les perspectives d'architecture, les arbres, les plantes,
décelait, selon l'iconophile italien, un ouvrage allemand gravé à une
époque où la taille de bois avait fait déjà quelques progrès, c'est–à–dire,
vers 1470. On peut même, selon lui, pousser plus loin les conjectures.
Les premières éditions sont sans lieu, ni date, ni nom, mais la troisième
a été faite par Veldener, à Culemburch, en 1483; or, ce maître JEAN
VELDENER est cité dans un volume imprimé à Louvain, en 1476, comme
dessinateur, graveur et imprimeur de caractères et de figures. Il est probablement l'auteur des vignettes sur bois d'un *Fasciculus temporum*, imprimé par lui à Louvain, en 1474, et d'une *Historia sanctæ crucis*,
imprimée à Culemburch, en 1483; on peut croire qu'il est aussi l'imprimeur des premières éditions anonymes du *Speculum*; et que s'il n'en a pas
composé lui-même les figures, car elles sont dans une autre manière et
supérieures à celles des ouvrages qui viennent d'être cités, au moins il
en a dirigé la composition, et les a fait exécuter par des dessinateurs et

des xylographes qu'il avait amenés avec lui d'Allemagne. La diversité de travail que l'on remarque dans les vignettes vient à l'appui de cette conjecture. Veldener, dont on ne connaît pas la patrie, avait appris la typographie à Cologne, et était venu ensuite exercer son art dans les Pays-Bas.

Ottley s'est montré moins favorable au Miroir de rédemption. En le reconnaissant postérieur de quelques années à la Bible des pauvres, il le juge d'un mérite un peu moindre ; distinguant soigneusement d'ailleurs les différences d'exécution que présentent ses planches, il attribue les meilleures au même maître hollandais, travaillant vers 1440; il donne celles qui sont d'un mérite inférieur à un de ses élèves, et renvoie enfin à un autre maître postérieur les planches exécutées dans une manière toute différente.

4. Au milieu de ces divergences, le premier point important à établir serait de savoir si ces recueils xylographiques sont antérieurs aux premiers livres imprimés, et dans quel pays ils parurent d'abord. Zani, qui ne croit pas la Bible des pauvres antérieure à 1460, regarde tous les livres xylographiques comme allemands et postérieurs à la découverte de Guttemberg, ainsi qu'au perfectionnement qu'elle reçut de Schœffer ; il n'admet auparavant qu'un petit nombre d'estampes isolées. Ottley, qui admet avant l'imprimerie les suites d'estampes jointes à des manuscrits ou disposées en jeux d'images, croit l'exécution du *Speculum* contemporaine, et celle de la Bible antérieure aux premiers essais typographiques ; il croit aussi que les deux livres ont été publiés d'abord dans les Pays-Bas, mais il n'a pu en administrer de preuve. Je me garde d'entrer ici dans les discussions relatives à l'origine de l'imprimerie ; mais il m'importe de noter que le plus impartial des bibliographes, Brunet, incline à croire avec quelques écrivains hollandais, que Laurent Coster, de Harlem, a fait usage des caractères mobiles de bois pour l'impression de ses *Donat* avant l'année 1439, première tentative qui a pu mettre sur la voie les véritables inventeurs de la typographie proprement dite [1] : de son côté, le dernier et le plus sagace des

_____

(1) *Manuel du libraire*, tom. IV, pag. 696.

écrivains qui se sont occupés de la question, M. de Laborde a constaté pleinement que les procédés de Coster à Harlem, consistèrent à séparer en types isolés des planches de texte gravées sur bois, à mobiliser ainsi la gravure en bois pour l'impression des *Donat* et des *Heilspiegel* [1] ; procédés qui furent suivis par les graveurs pour le texte explicatif de leurs images, gravées aussi sur des bois séparés.

Maintenant je crois, sur le point qui nous occupe, pouvoir citer un document important, un livre xylographique à la fois et manuscrit, une suite de planches de bois attachées à un manuscrit exécuté en Flandre et daté :

Spirituale pomerium editum per humilem fratrem henricum ex pomerio canonicum regularem in monasterio beate Marie viridis vallis.......: In hoc spirituali pomerio anima devota instruitur per quem modum singulis horis se possit devotis meditationibus exercere ad recolligendum quolibet die singula Dei beneficia ab inicio usque ad finem mundi...... Explicit spirituale pomerium editum anno dni M°CCCC°XL° [2].

Ce manuscrit, appartenant à la Bibliothèque de Bourgogne, à Bruxelles, se compose de 23 feuillets divisés en 12 chapitres, placés à la suite et en explication de 12 estampes gravées en bois. Les gravures sont imprimées en encre brune, d'un seul côté, sur des feuilles séparées, mais portant des numéros qui correspondent au chapitre en tête duquel elles sont collées [3]. On y voit dans des portiques ogivaux, des scènes de l'ancien et du nouveau Testament, qui, représentées en présence de l'âme dévote et devant un pommier, symbolisent les douze qualités de Dieu; une légende en vers léonins, gravée au bas de chaque planche en paraphrase le sens mystique. Dieu y paraît sous la figure d'un bonhomme exprimant avec ses grands yeux plutôt l'étonnement que la puissance ; l'âme sous la forme d'une femme à physionomie contrite, avec de longs cheveux, agenouillée, et portant au bas de son ample robe, les armes parlantes du chanoine Pommeraie, trois pommes dans un écu.

---

(1) *Débuts de l'imprimerie à Mayence et à Bamberg*, in-4°, 1840, pag. 20.

(2) Cette date ne peut être l'objet d'aucun doute ; elle est confirmée après l'oraison finale : *Explicit ut supra, spirituale pomerium editum et completum anno dni M°CCCC°XL°.*

(3) Dimensions : L. 10°, 7ᵐᵐ, H. 10°, 7ᵐᵐ avec la légende 12°, 7ᵐᵐ.

I. *Dei sapientia.* La création avec cette légende :

> Evam ymaginem ultra se
> Dans ei Angelos in solatium juxta se
> Ceteras creaturas in servitium ultra se.

La créature y paraît à l'état d'enfance , et le Créateur profondément étonné du grand ouvrage qu'il entreprend.

II. *Dei bonitas.* Dieu y donne un anneau à l'âme.

III. *Dei providentia.* Adam et Ève chassés du Paradis. Le nu y est crûment accusé; les physionomies de nos parents sont ahuries; leur geste est d'une expression fort ironique.

IV. *Dei misericordia.* L'âme agenouillée devant les Prophètes, les Patriarches; Moïse remarquable par ses longs cheveux et ses longues cornes.

V. *Dei pietas.* La Nativité.

VI. *Dei humilitas.* Le baptême de Jésus. Le corps tout d'une pièce est dans une position plus hiératique que naturelle.

VII. *Dei caritas.* La cène. Le nimbe des Apôtres y a la forme d'un cercle épais et à rayons comme dans les nielles.

VIII. *Dei patientia.* Jésus en croix et les Saintes-Maries.

IX. *Dei pax.* La résurrection.

X. *Dei liberalitas.* Le Saint–Esprit descendant sur les Apôtres.

XI. *Dei justicia.* Le jugement dernier. Dieu, selon le texte de l'Apocalypse, y paraît avec un glaive à droite, et un rameau à gauche de la bouche. Il est assis dans sa majesté , drapé d'un manteau qui laisse la poitrine à découvert; un Saint et une Sainte nimbés assistent seuls avec l'âme, à la résurrection de deux corps.

XII. *Dei amicitia.* L'âme couronnée par Dieu au sein du Paradis. Le lieu de délices est représenté sous la forme d'un reliquaire, à colonnettes ogivales, dans lequel les Anges assis sur des pliants , exécutent le céleste concert.

Le trait de toutes ces figures est ferme, empâté, à peine ombré de quelques hachures horizontales; les plis des vêtements sont raides et brisés; le dessin en est bon et souvent fin , le mouvement vrai, la composition quelquefois si juste, et le style si simple, qu'on se souvient en les voyant des peintures primitives les plus pures.

Nous ne connaissons pas le graveur du manuscrit de Bruxelles ; mais le chanoine Pommeraie [1], de l'abbaye de Vauvert en Brabant, qui le fit faire, en dirigea sans doute la composition et peut-être y mit la main, a bien le droit de figurer dans nos catalogues au moins comme amateur de gravure.

5. Il me semble qu'on a maintenant une raison de plus pour donner à l'École flamande la Bible des pauvres, au moins dans ses premières éditions latines ; je déclare pourtant ne l'avoir pas examinée d'assez près, et surtout comparativement, ainsi qu'il aurait fallu le faire, pour donner une analyse exacte de la manière et du type de ce graveur primitif. M. de Laborde, dont l'opinion a tant de poids, n'hésite point à le regarder comme flamand et travaillant sous l'influence des Van Eyck. L'honorable conservateur du Louvre a signalé de plus un *alphabet grotesque* conservé au *British Museum*, comme l'ouvrage du même graveur anonyme [2]. La circonstance la plus curieuse que présentent les planches de cet alphabet, semblables par le style et l'impression à celles que nous avons parcourues, est la légende française qui se lit à la lettre κ, composée et dessinée de la façon la plus ingénieuse. Une demoiselle debout, en robe à corsage étroit, coiffée d'un chaperon en pointe d'où pend un grand voile flottant derrière les épaules, va poser une couronne sur la tête d'un jouvenceau agenouillé devant elle et tenant un philactère sur lequel on lit en rébus : *Mon cœur aves*. Ce groupe forme le jambage de la lettre, dont les appendices sont faits de deux autres personnages, l'un vieux, l'autre jeune, figurant les amants éconduits.

Le miroir de rédemption, autant que j'ai su le voir, est l'ouvrage d'une main différente, mais de la même école. Le dessin des vignettes, principalement dans les premières éditions en encre grise, est fin, accentué, correct pour le temps. On y peut remarquer de la recherche, de la richesse même dans les draperies, les terrains, les accessoires. Les figures princi-

---

(1) Fr. henr. ex pomerio hic, *teste Aub. myreo in Elogiis v. viri J. Rusbroschii*, obiit an. *1469*, (Note marginale du manuscrit.)

(2) De Laborde ; *Débuts de l'imprimerie à Mayence et à Bamberg.* 1840, pag. 19.

pales y ont un type original, plein de réalité, de naïveté et d'expression. Enfin, le costume y paraît tel qu'on le vit porté par Isabelle de Bourbon, femme de Charles-le-Téméraire, et par les dames de la cour de Bourgogne. On y voit les hennins et les bourguignottes, chaperons à une ou à deux pointes démesurées, les tourtils et les bourrelets garnis de bijoux et chargés de mousselines empesées, les robes à corsage collant et à manches plates dont Commines a constaté la mode. Les hommes y portent aussi la courte jacquette, les manches en mahoître, les chausses collantes et les souliers en pointe, qui étaient de mode parmi les courtisans de Charles—le—Téméraire, comme parmi ceux de Louis XI. On ne peut s'empêcher de reconnaître à tous ces caractères, un artiste de l'École flamande, non pas sans doute Veldener qui n'intervient que dans les éditions postérieures avec des planches d'un moindre mérite, mais peut-être quelque élève de Hubert et de Jean Van Eyck, quelque contemporain de Rogier de Bruges et de Memling.

6. Parmi les livres à estampes de bois primitives, nos iconographes ont encore signalé le CANTIQUE DES CANTIQUES, *Historia Virginis ex Cantico canticorum*. Heinecken, selon son parti pris, le dit allemand ; Zani ne se prononce pas précisément ; mais on ne peut guère hésiter à en attribuer, comme fait Ottley, la composition à un graveur des Pays-Bas. La légèreté et la grâce qui distinguent ces estampes de celles des autres ouvrages du même genre ont été particulièrement admirées par l'iconophile anglais, qui appelle leur graveur le Parmesan de l'École flamande. Zani jugeait le Cantique des cantiques supérieur encore au *Speculum* : les figures, faites d'un simple contour ont une tournure si svelte, des traits si légers qu'ils semblent gravés au burin[1]. Les fabriques, quoique rustiques et d'architecture triviale[2], sont bien ordonnées ; les terrains, les arbres, les plantes, y sont particulièrement bien traités. L'iconophile italien signale

---

(1) Dibdin a émis l'opinion que ces estampes sont gravées sur quelque substance métallique et non sur le bois ; mais cette opinion basée uniquement sur la finesse de la gravure a été réfutée par Ottley ; *History of Engraving*, pag. 139, note.

(2) On reconnaît à cette expression la préoccupation d'un critique italien habitué aux belles fabriques des artistes de son pays ; *Enciclopedia*, P. II, tom., I, pag. 240.

entre toutes la première planche : l'époux et l'épouse suivis de deux demoiselles, s'acheminant dans un jardin où travaillent six frères mineurs observants ; les moines sans barbe ont une guirlande de cheveux autour de la tête, un capuchon pointu et les pieds chaussés. Ce costume, aussi bien que le travail agricole des moines, lui paraissent des indices d'antiquité ; mais le papier fin et assez fort a dû être imprimé vers 1470.

J'ajouterai à ces ingénieuses appréciations quelques remarques sur le type des figures principales et sur les costumes. Le Christ, imberbe, la chevelure flottante sur l'épaule, le manteau élégamment ajusté, et la Vierge, la tête couronnée, sans voile, la chevelure longue, ont une recherche de formes et une afféterie d'expression qui ne s'appliquent pas mal aux sujets mystiques du Cantique des cantiques. La disposition des groupes est aussi d'autant plus louable, qu'elle s'éloigne des thèmes ordinaires dont l'artiste trouvait tant d'exemples dans l'iconographie vulgaire peinte et sculptée ; le sujet est ici vraiment neuf et traité de main de maître. Les costumes fort simples y ont une élégance rare : les femmes y portent par dessus la robe à plis de corps, le surcot échancré sous l'aisselle et laissant voir la tournure des hanches, qui était de mode à la cour de Bourgogne où on lui avait donné un nom singulier qui ne s'est point conservé dans le vocabulaire des modes, le nom de *cotelle* et de *cotelette*.

Quant au graveur du Cantique, on ne soupçonne pas quel il peut être. Ottley, frappé de l'analogie générale qui existe entre les trois livres xylographiques et de la ressemblance qui se remarque dans l'exécution de plusieurs planches [1], où l'on trouve une même manière singulière d'exécuter le feuillage des arbres en façon de joujou (*knach*), s'est cru autorisé à conclure que les trois ouvrages, au moins pour la plus grande partie de leurs planches, ont été taillés sur bois par le même graveur sur des dessins différents. Sans doute le procédé de gravure dans lequel sont composés la Bible des pauvres, le Miroir de rédemption et le Cantique de la

---

(1) Ottley signale la figure de Joseph dans la nativité, de la *Bible*, qui se retrouve dans la fuite en Égypte, du *Miroir*; et rapproche les planches 9, 11, 15, 16, 23, 24, 31, 32, 37 et 38 du premier de ces livres (éd. Spencer), des planches 10, 12, 17, 28, 29, 30, 35 et 36 du second, et des planches 1, 2, 11, 14 et 16 du *Cantique*.

Vierge, ont une certaine analogie; le *Pomerium spirituale* n'en diffère pas non plus essentiellement; c'est le procédé du temps; mais le dessin, la composition, le style, montrent des différences qui supposent plusieurs maîtres, dessinateurs et graveurs; car rien n'établit que le dessin et la gravure fussent alors séparés comme ils l'ont été depuis.

7. Telles sont donc les gravures les plus rapprochées de l'École de Bruges pour la date et pour le style. Si l'on n'y trouve pas l'éclat et la perfection dont brillent les tableaux des Van Eyck, c'est qu'un art n'est à son début que ce qu'il peut être, et que la gravure sur bois n'eut pas de génie primesautier. On peut s'étonner que les graveurs des livres xylographiques soient restés complètement inconnus; les recherches si actives et si intelligentes de M. de Laborde sur les arts de la Flandre bourguignonne n'ont point encore mis en lumière le nom des graveurs appartenant à une École si riche. Mais il ne faut pas oublier que ces livres furent les livres des pauvres et des ignorants, faits pour ceux qui ne pouvaient payer les manuscrits, toujours d'un grand prix, et que leurs auteurs, en outre des habitudes peu hâbleuses de leur temps, ne prétendirent pas au renom pour des ouvrages si ternes, à côté des tableaux et des miniatures dont les peintres favorisaient les riches et les curieux.

Il y a d'autres livres xylographiques que ceux que nous avons mentionnés; on connaît encore l'*Ars moriendi*, l'*Ent-Krist*, l'*Ars memorandi*, l'*Historia S. Joannis evangelistæ ejusque visiones apocalipticæ*. Meerman [1] les attribuait tous à la Hollande et à Coster qu'il regardait comme l'inventeur de la typographie. Heinecken, qui les a exactement décrits, a établi leur origine allemande [2]; mais selon Zani, Ottley et tous les iconographes qui les ont parcourus, leurs planches sont d'un mérite fort inférieur aux planches des livres précédents. Ottley qui y a remarqué la courte proportion des figures et la largeur démesurée des têtes, ne va pas pourtant jusqu'à les déclarer toutes absolument sans mérite, et signale les planches choisies comme specimen dans la bibliothèque Spencer : une bonne figure de *Saint Michel* et *deux Mendiants* traités avec esprit. Ces livres ont eu aussi plu-

---

(1) *Origines typographicæ; Hagœ. com.*, 1765, in-4°.
(2) Heinecken; *Idée générale*, etc., pag. 334 et suiv.

sieurs éditions, sans texte et avec texte, composées d'estampes différentes de date et de style : les plus anciennes analogues aux planches de la Bible des pauvres, les autres plus négligées et indiquant une autre origine. Je ne les ai point assez vus pour faire le travail de comparaison qu'indiquait l'iconographe anglais [1]; mais comme on en retrouve le style et la manière dans les éditions postérieures multipliées en Allemagne par l'imprimerie, l'appréciation que je puis en faire se retrouvera dans la recherche des gravures sur bois des incunables allemands.

Pendant que l'Allemagne et la Flandre se disputent l'honneur d'avoir produit les premiers livres xylographiques, l'Italie n'a pas fait paraître ses prétentions. L'abbé Zani, après avoir loué de bon cœur les xylographes allemands, se demande avec étonnement comment l'Italie, qui abondait alors en artistes, a pu manquer de tels graveurs, et ne trouve d'autre consolation que le souvenir de la légende du chevalier Cunio. Nous verrons bientôt que l'Italie ne fut pas tout-à-fait dépourvue de gravures sur bois; mais il est certain qu'à cette première époque les artistes de ce pays, dont le goût était déjà plus délicat, ont dédaigné cet art qui, dans ses rudiments, affecte tant de grossièreté : nous allons les voir prendre vaillamment leur revanche dans la gravure sur métal.

II.

Les graveurs de nielles.

1. Qu'on se représente un moment quelle fut la république de Florence, au milieu des expansions populaires et des créations d'art qui rappelaient les grands jours des cités grecques. Brunelleschi bâtissait le dôme de Sainte-Marie-des-Fleurs; Donatello sculptait les statues d'Or San Michele; Ghiberti fondait les portes du Baptistère de Saint-Jean; et Côme l'Ancien, le plus généreux des citoyens, ne se contentait pas d'élever des églises et des palais, il voulait les voir resplendir de peintures et d'orfévreries.

(1) *History of Engraving*, pag. 109; note.

Laurent le Magnifique, après Côme, savait mieux encore que lui faire servir au progrès des arts les goûts fastueux et les mœurs brillantes sous lesquels il étouffait la vertu républicaine. Pour bien connaître dans leur milieu les artistes de ce temps, pour goûter leur génie, il faut se rendre compte de leurs inspirations, nées au sein des traditions religieuses, mais réveillées par les acquisitions de la Renaissance, entretenues d'idées catholiques, et passionnées en même temps d'images poétiques et payennes. Il faut se rappeler enfin les sermons de l'ardent et austère dominicain, Savonarola, et la cour de Laurent, où fréquentaient d'érudits platoniciens des poètes évoquant Bacchus et les Nymphes, et des femmes comme Clarissa Orsini et Lucrezia Donati, dont la beauté, la grâce forte et noble se retrouvent dans les statues de Desiderio da Settimano, dans les tableaux de Fra Filippo Lippi, et percent encore dans les estampes des premiers graveurs florentins.

C'est à Florence, en 1452, que MASO FINIGUERRA, orfèvre ciseleur et nielleur, trouva l'impression de la gravure en creux ou au burin, en essayant l'effet d'une paix d'argent niellée, qu'il exécutait pour l'église de Saint-Jean-Baptiste. On savait le fait par un récit anecdotique de Vasari; mais l'épreuve sur papier d'une nielle, inutilement cherchée par Mariette, n'a été trouvée qu'en 1797.

Le bonheur de cette découverte échut à l'iconophile que j'ai déjà tant cité, bien digne assurément de rétablir les titres du protograveur italien; il n'y a pas d'amateur qui n'ait lu le récif naïf et enthousiaste qu'a écrit l'excellentissime abbé, du saisissement qu'il éprouva, en reconnaissant dans un volume de vieux maîtres, l'empreinte faite par Maso, après la ciselure et avant la niellure, de la paix d'argent représentant le *Couronnement de la Vierge;* Denon voulut le portraire à ce moment-là : *il mio cuore nuotava in un mar di gioja inconcepibile da chi non ne chiude in petto un eguale al mio etc.*[1]. Du même coup, en effet, étaient trouvés les droits incontestables de l'Italie à l'antériorité de la gravure sur métal, et tout

---

(1) *Materiali per servire alla storia dell'origine e de progressi dell'incisione in rame e in legno.* Parma, 1802, in-8º, pag. 49, 51.

un ordre de gravures aussi remarquables par leur style que par leur originalité, auparavant confondues parmi toutes les pièces des vieux maîtres
inconnus.

On connaît maintenant sept à huit nielles de Maso et un grand nombre
de morceaux du même genre exécutés par les orfèvres nielleurs ses contemporains, dont on sait les noms mais dont on ne peut déterminer les
œuvres, et par ses successeurs, les peintres orfèvres, que nous retrouverons
comme graveurs d'ouvrages plus considérables et plus avancés. Ce sont
des estampes de très-petite dimension, qui n'étaient probablement tirées
qu'au rouleau, à très-petit nombre, à titre d'essais, d'études, et sans intention de publicité, mais que le succès et la curiosité durent en plusieurs
cas multiplier. Elles ont été toutes fort exactement cataloguées par le
Conservateur du Cabinet de Paris, M. Duchesne [1]. Il ne nous convient
d'apprécier ici que les premières nielles, celles qui s'exécutent au moment
où l'art s'échappe de la ciselure et de la damasquinure, pour viser à un
effet et obtenir une beauté qui soient propres à la gravure.

2. Tomaso Finiguerra a une courte biographie. Il naquit en 1426,
d'un orfèvre; il était au nombre des jeunes gens employés par Ghiberti
au travail de ses fameuses portes de Saint-Jean de Florence. Les consuls
des marchands l'employèrent à d'autres ouvrages de la même église et
notamment à la fameuse paix d'argent, dorée, émaillée et niellée; le traité
qu'ils passèrent avec lui en 1450 a été publié [2]; il n'avait alors que 25 ans,
et il mourut vers 1470. On peut d'après ces rares renseignements et surtout d'après ses ouvrages, le compter au nombre des bons dessinateurs
et des bons sculpteurs d'une école qui en a tant produit. Zani, lui, le proclame en toute sincérité le Raphaël des niellistes.

Baldinucci, en citant ses dessins qui existent encore au nombre de 56
à la galerie royale de Florence, études de figures seules et d'animaux,
dessinées à la plume sur papier blanc, ombrées au bistre et à l'encre de
chine, y trouvait quelque analogie avec la manière de Masaccio, et en
concluait que Maso avait dû être son disciple. Ottley appuie cette con

(1) *Essai sur les Nielles*; Paris, 1826, in-8º.
(2) Gaye, *Carteggio d'artisti*; tom. I, pag. 111, nº XXXV.

jecture, et trouve que ces dessins possèdent à un degré éminent la correction du trait et la simplicité de manière qui caractérisent les ouvrages de Masaccio, qualités qui après le XVᵉ siècle furent à Florence remplacées par un style moins pur, particulièrement dans les draperies qui devinrent tourmentées, se chargèrent de petits plis artificiels, d'ornements communs, et prirent un air de mouvement très-éloigné de la tranquille dignité que l'on observe dans les draperies des maîtres justement estimés.

Les études de Finiguerra peuvent en effet rappeler par leur simplicité, la grande manière de Masaccio; mais je ferai remarquer que le style plein de vigueur et de réalité de ce peintre, ne se retrouve pas dans les nielles. On les rapproche avec plus de satisfaction, des compositions d'un sculpteur comme Ghiberti, qui peut plutôt avoir été le maître d'un orfèvre dont il s'aida, comme nous l'avons vu, dans les dernières années de sa vie, ou des peintures d'un miniaturiste comme Fra Angelico, son contemporain. L'altération que signale Ottley dans l'École de Florence, ne se prononça qu'à la fin du XVᵉ siècle, principalement dans les ouvrages de Ghirlandajo.

Ottley a remarqué avec beaucoup de tact, que les compositions de Maso contiennent souvent des motifs de l'architecture romaine, que Brunelleschi avait peu auparavant introduite à Florence; mais on hésitera certainement à adopter sans contrôle les conjectures auxquelles l'iconographe anglais s'est livré sur les changements survenus dans la manière de Finiguerra [1]. Il en faut pourtant tenir compte, ne serait-ce que pour servir de stimulant à des découvertes ultérieures. Ottley pense que dans les estampes exécutées par Maso, de 1460 à 1470, époque probable de sa mort, estampes que l'on ne possède pas, il est vrai, mais que l'on retrouvera peut-être dans la suite, il dut employer un autre métal que l'argent de ses nielles, faire des planches d'une plus grande dimension et adopter

---

(1) Ottley cite à l'appui une nielle représentant la *Vierge sur un trône entouré de saints et d'anges*, qui, selon M. Duchesne, est une copie du temps même de Maso. Il était tenté aussi de lui attribuer une suite de 15 estampes de la vie de la Vierge, sans marques, donnée par Heinecken à Botticelli, et par Bartsch à Nicoletto Rosex; j'en dirai quelques mots en parlant des anonymes florentins.

un style moins travaillé, propre à rendre les effets du dessin, comme dans les gravures de Pollaiuolo et de Mantegna. Pour nous, sans anticiper ainsi et donner au nielleur inventeur de la gravure ce qui fut le fait de graveurs ultérieurs, tenons-nous à ses œuvres bien connues : la part de mérite qui lui en revient est encore assez belle.

La Vierge, telle que l'a gravée Finiguerra dans l'*Adoration des Rois*, dans la *Vierge sur un trône*, est jeune, amplement drapée de la tunique, du pallium et du voile consacrés, ou vêtue d'une robe à ramages brodés, la tête surmontée d'un nimbe rayonnant ou étoilé. Son attitude est calme, son expression naïve, fine, et empreinte encore de la tristesse des figures hiératiques.

Le Christ, dans le *Couronnement de la Vierge*, doué comme la Vierge de la jeunesse éternelle, les cheveux et la barbe longs, est vêtu de la tunique à manches larges, coiffé de la tiare à une seule couronne. Des nombreuses figures d'anges et de saints qui entourent ces divins personnages, je ne remarquerai que les costumes antiques ou ecclésiastiques, et nullement mondains, dont ils sont revêtus, et les nimbes solides et marqués de rayons profonds qui se placent en chaperon sur leur tête. Toutes ces figures appartiennent, par leur type élevé et religieux, par leur composition solennelle et précieuse, au style de l'ancienne école florentine. Elles sont un digne pendant des miniatures de Fra Angelico, de ses fresques du couvent de Saint Marc, et aussi des tableaux de Benozzo Gozzoli, le peintre du palais de Côme, moins mystique que Fra Angelico et d'une imagination plus originale et plus étendue.

Finiguerra a fait aussi des figures nues. On lui attribue du moins quelques figures allégoriques : une *Femme ailée*, et une *Lutte provoquée par des amours*, qui montrent les qualités ordinaires de son travail précieux, la finesse du dessin, et le goût pur de la composition.

3. Le nielliste le plus connu après Finiguerra est PENEGRINI de Cesena, en Romagne, que M. Duchesne a signalé comme auteur d'une soixantaine de pièces, et qui travaillait de 1460 à 1480. Habile dessinateur et graveur plein de délicatesse, il a un style moins élevé, une composition moins originale. Sa *Vierge sur un trône entre saint Paul et saint François* est

plus vieille que celle de Finiguerra et plus commune de type ; son *Christ ressuscitant* est une figurine déjà tout antique et ne différant guère dans l'expression, de son *Diomède*. Sa *Vénus*, d'ailleurs correcte et fine, a les formes carrées, l'épaisse chevelure des femmes de Mantegna. Il traita avec prédilection les sujets payens ; on peut citer parmi les morceaux de ce genre le *Triomphe de Mars*, *Léda*, le *Char d'Antoine et de Cléopâtre*. Dans toutes ces compositions on remarque un mouvement et une accentuation déjà bien éloignés de la placidité des nielles du premier graveur.

A côté des ouvrages de ces deux artistes se placent un grand nombre de nielles anonymes, inégales de travail, mais souvent remarquables par leur finesse, leur arrangement pittoresque et l'effet de leurs figures ou de leurs rinceaux, se détachant en clair sur un fond noir ou brodé de rosaces ; cette distinction se retrouve encore parmi celles qui ne sont que des morceaux d'ornement, manches de couteaux, bouts de gaîne. Elles sont faites par plusieurs mains, à des époques et dans des villes différentes ; il y en a de Baldini et de Pollaiuolo de Florence, de Mantegna, de Jean de Brescia, de Nicoletto de Modène, de Francia de Bologne et même de Marc Antoine. Au reste, ces nielles n'ont d'analogie que pour le procédé ; aussi les laisserons-nous chacune à l'École où elles ont été produites, nous contentant de signaler quelques pièces anonymes qui ne se classeraient pas ailleurs :

Ève, vêtue d'une chemise courte et filant à côté d'Adam qui bêche ; figure fine et robuste, tête naïve, attitude correcte, jambes fortes ; burin sûr, fin dans le contour et marqué de quelques ombres ; *Saint Sébastien*, petite académie très-distinguée d'attitude quoique peu religieuse d'expression, rappelant les figures de Léonard de Vinci ; les *Trois danseuses*, muses drapées du peplum, gravées d'un burin fini ; la pièce est à remarquer parce qu'elle a été copiée par un maître français que nous retrouverons, le maître aux initiales J. G. accolées, gravant à Lyon au XVIe siècle.

Il y a aussi des nielles allemandes, très-reconnaissables à leur manière, et en général médiocres quoique fort postérieures aux nielles italiennes ; elles sont faites sans doute par des orfèvres ou des damasquineurs, qui essayaient l'impression des morceaux qu'ils exécutaient pour des armures ou des coffrets.

4.

Il y en a même avec des légendes en français, qu'on doit attribuer, sinon à la France, au moins à la Flandre, où nous savons que les graveurs employaient quelquefois nos devises ; telle est la *Pucelle*, vêtue et coiffée à la mode du XVIe siècle, tenant une fleur où s'enroule une banderolle, avec cette inscription : QVIL LA FLEUR DE MOY ARA MAMOUR OVTROYE LVI SRRA. Le burin, un peu plus gros que dans les nielles italiennes, les formes de la jeune fille plus épaisses sans exclure une certaine grâce, dénoteraient assez bien l'École flamande.

Avec les nielles, on pourrait donc parcourir l'histoire entière de la gravure au XVe et au XVIe siècles ; mais ces estampes sont de si petite dimension, si rares dans tous les cabinets, et forment des produits si accidentels d'un art pour lequel la gravure n'était qu'un accessoire, que nous en avons assez dit pour l'objet de ces recherches.

III.

Les anciens graveurs de Florence.

1. Les orfèvres de Florence qui, après Finiguerra, cultivèrent la gravure sur métal, en travaillant leurs planches pour l'impression et la multiplication des estampes, paraissent d'abord en arrière des nielleurs par la grossièreté et l'incertitude de l'exécution ; inexpérimentés dans leur art nouveau, ils produisent des gravures moins agréables ; ils y cherchent d'ailleurs l'imitation des dessins et se proposent l'étude des contours et l'effet pittoresque, plutôt que la propreté et la précision.

BACCIO BALDINI, orfèvre ciseleur comme Finiguerra, est le premier graveur cité après lui. Il paraît avoir travaillé constamment dans l'atelier de SANDRO FILIPEPI BOTTICELLI, aussi orfèvre, mais en même temps peintre, dessinateur et peut-être encore graveur, qui le plus souvent fournissait le sujet et le dessin de ses estampes. Le peintre Botticelli, en le jugeant d'abord sur ses tableaux composés de nombreuses petites figures, s'éloigne beaucoup de l'inspiration mystique de Fra Angelico, étudie naïvement la nature sur les traces de Paolo Ucello et de Masaccio, et revêt, malgré la sécheresse de son exécution, un certain grand caractère. On le retrouve dans les ouvrages du graveur Baldini.

Les gravures de cet atelier sont en assez grand nombre ; mais comme on n'y voit pas de marque et que le travail en est d'ailleurs encore peu fixé , elles ont été, dans les collections, attribuées à divers maîtres. Zani décrit encore comme anonymes plusieurs pièces importantes de cette œuvre, telles que les *Prophètes*, la *Flagellation devant Pilate*, et plusieurs autres. Ottley a réuni sous le nom de Baldini, toutes celles où une similitude de style et d'exécution paraissait indiquer la manière de l'école florentine primitive, et aussi le même artiste, depuis le *Calendrier de* 1465, jusqu'au *Jeu de tarots*. Je désignerai d'après le volume de son œuvre au Cabinet des estampes, qui contient des pièces d'un travail assez varié, celles où sa manière apparaît le mieux.

On n'y détermine pas de Vierge d'une manière certaine. L'*Assomption*, qui donne une Vierge monacale et un Christ doucereux, gravés d'un burin assez habile mais maigre, est une pièce d'un style encore tout gothique dont l'attribution n'est pas certaine. Le *Sauveur dans une gloire de Chérubins* [1], est d'un style plus grand, et quoiqu'il soit un peu lourdement chargé de son manteau , il a dans le geste la noblesse particulière au gothique italien.

En cherchant le type particulier à Baldini parmi les autres figures, telles que les *Sibylles*, femmes à expression élevée, aux vêtements brodés, aux coiffures riches , ou *les Muses et les Vertus* du jeu de tarots, femmes à grande tournure, à physionomie expressive, on trouve une beauté non irréprochable mais bien découplée, solide et mesurée dans ses gestes et son expression ; c'est la beauté que précisait Laurent de Médicis dans ses vers :

> *Non vidi mai fanciulla tanto honesta,*
> *Ne tanto saviamente rilevata......*   (La Nencia da Barberino.)

C'est la beauté que reflétait toute la poésie du pays, le *Morgante mag-*

---

[1] Estampe du Livre de *Monte sancto di Dio*, 1477.

giore de Pulci comme les *Canti carnascialeschi* de Laurent-le-Magnifique , poésie négligée, heurtée, embarrassée d'expressions obscures, avec des touches hardies et brutes, des élans d'un idéal recherché, accusant par-dessus tout l'accent natif, un peu rude dans son harmonie, de l'idiome florentin. Ne sont-ce point là aussi les qualités et les défauts de la gra-vure de Baldini ?

La *Vénus* du maître, à la prendre dans les *Planètes* et dans plusieurs figures qui rehaussent ses pièces d'ornement, a des formes plus solides et plus ressenties que correctes, des yeux grands et une tournure toujours ennoblie. Son talent fort réussit d'ailleurs mieux dans les figures viriles ; ses *Prophètes* sont remarquables par leurs belles têtes et leur grande atti-tude, plus que par la richesse de leurs habits brodés ; et ses jeunes hommes mondains , dans l'*Échelle de Sapience* et dans l'*Écusson des Médicis*, ont des figures pleines de grâce dans leur mouvement, et d'agrément dans leur costume florentin.

Bartsch, que son parti pris pour l'École allemande rend aveugle aux qua-lités de l'école italienne, trouve toutes les gravures de Baldini exécutées sans goût et d'un burin insipide [1]. Pour qui les jugera à leur place, le goût paraîtra, nous le croyons, dominant, et le burin ce qu'il pouvait être : sobre et élémentaire dans ses travaux, quelquefois d'un contour dur, de hachures brisées et mal ordonnées, rappellant beaucoup la ma-nière des nielles par le heurté des ombres et des clairs, et par la broderie des vêtements. On s'assure, du reste, à la forme et au procédé de plu-sieurs de ses estampes, qu'elles proviennent, ainsi que le remarque Ottley, du tirage de couverts de boîtes ou de plaques d'orfévrerie [2]. Mais l'œuvre de Baldini est encore bien imparfaitement connue. L'abbé Zani, qui n'exprime jamais une entière certitude au sujet des diverses pièces qui lui sont attribuées, en décrit deux qui n'ont point été énumérées dans le Manuel de M. Le Blanc, et qui méritent toute l'attention des dilettanti qui seront assez heureux pour les rencontrer : le *Sacrifice d'Abraham*

---

(1) *Le peintre graveur*; Vienne, 1803-1821, tom. XIII, pag. 32,
(2) Ottley ; *History of Engraving*, pag. 360.

qu'il avait vu dans la galerie de Florence et l'*Adoration des Mages*.
Il a quelques raisons de croire que cette dernière estampe est gravée
d'après le tableau que Sandro Botticelli avait fait pour l'église de Sainte-
Marie-Nouvelle, suivant le récit de Vasari, et dans lequel les trois Rois
de l'adoration offraient les figures des trois Médicis : Côme l'Ancien, Julien
père de Clément VII, et Jean le plus jeune fils de Côme.

Les pièces que je viens de citer, sont de celles que l'on donne plus
généralement à Baldini ; il faudrait maintenant faire la part de Botticelli.
Ottley, en comparant toutes celles qu'on peut leur attribuer, a cru reconnaître, à l'habileté plus ou moins grande du dessin et à la négligence
plus ou moins affectée du travail, celles qui sont de la main du peintre,
celles qui sont de la main du graveur, et même celles qu'ils ont pu graver de compagnie. Parmi les premières, il signale entre autres, deux
estampes capitales qui sont ordinairement attribuées, sur l'autorité de
Bartsch, à un graveur postérieur, à Nicoletto de Modène [1].

Le *Jugement dernier*, la *Prédication de Fra Marco di Santa Maria in
Gallo* ou les sept œuvres de Miséricorde [2], sont deux grandes pièces
d'une importance tout-à-fait inusitée pour le temps, par l'ordonnance
et par le grand nombre de petites figures qu'elles contiennent. Ottley y
trouvait une si grande analogie de composition, de dessin et de style, avec
les dessins et les peintures connues de Botticelli, qu'il n'hésite pas à les
regarder comme des productions originales de son burin. Bien que la pre-

---

(1) Bartsch, qui est presque le seul auteur cité en France, ne peut point faire autorité en ce
qui regarde les graveurs étrangers à l'Allemagne. Trop souvent, comme l'a remarqué Ottley,
dans le but de subordonner l'École italienne et de faire paraître plus évidents les droits de l'É-
cole allemande à l'antériorité dans la pratique de la gravure, il a appauvri les maîtres primitifs de l'Italie, et donné leurs estampes à des maîtres du XVIe siècle ; les rédacteurs de catalogues, sans avoir le même intérêt, l'ont trop aveuglément suivi. Les pièces dont il est ici question, sont encore données à Nicoletto dans le catalogue de la collection Vischer, par M. Le Blanc,
Paris, 1852.

(2) Nos 1505 et 1507 du Catalogue Vischer, qui furent vendues 335 fr. et 700 fr., à M. Évans,
de Londres, sans doute pour le Musée britannique. Bartsch n'a connu la seconde que par une
réimpression de 1632.

mière soit plus avancée de travail et plus propre, la seconde plus négligée et plus rude, les qualités de toutes deux ne peuvent être que d'un peintre. Sans rien dire de l'attribution précise, qu'il ne m'a pas été donné de vérifier par comparaison avec les pièces authentiques, je crois pouvoir assurer du moins que ces pièces ne sont pas de Nicoletto [1] que nous trouverons plus tard, mais bien des ouvrages de l'ancienne école florentine; je ne saurais mieux les caractériser qu'en disant qu'elles forment par la composition symétrique, l'expression hiératique, le style sobre et précieux, comme deux nielles agrandies. Elles sont ombrées en simples hachures diagonales brusquement terminées, sans demi-teintes et sans effet d'ensemble.

2. ANTONIO POLLAIUOLO, (1433–1498), orfèvre, sculpteur, médailleur et peintre, un peu plus jeune que Finiguerra, travaillant avec lui aux portes du Baptistère de Florence, son concurent dans les ouvrages d'orfévrerie, fut aussi graveur. Il fit, croit-on, quelques nielles; M. Duchesne cite comme pouvant lui être plus particulièrement attribuées, une *Descente de Croix* et un *Martyre de saint Laurent*. Mais nous n'avons à considérer ici que les grandes estampes, qui furent jugées par Vasari supérieures à toutes celles qui avaient paru avant lui. On en connaît seulement trois ou quatre; ce ne sont que des cartons ébauchés pour des études d'atelier, mais ils sentent le grand dessinateur, et montrent combien, par l'étude du nu et de l'écorché, l'école florentine s'était initiée, avant Michel-Ange, aux grands effets de la figure.

La *Bataille des nus*, que Lanzi appelle *ultimo e vicinissimo grado al fiero stile di Michel Angiolo*, a depuis longtemps frappé tous ceux qui l'ont vue; le contour et les muscles y sont fortement accusés, les ombres rendues par des hachures larges, courtes et diagonales, ou menées en zigzag; l'expression est d'une énergie sauvage. A qui serait choqué de cette ba-

---

(1) Une seule pièce dans l'œuvre de Nicoletto a quelque analogie avec ces estampes, l'*Adoration des bergers;* mais le travail en est plus large et plus avancé.

taille au coutelas et nu à nu, je rappellerai encore un morceau de cette poésie florentine qui affectionne aussi les crudités :

> Io me sono avveduto, Nencia bella,
> Ch'un altro ti gaveggia al mio dispetto ;
> E s'io dovessi trargli le budella,
> E poi gittarle tutte intornun tetto ;
> Tu sai ch'io porto allato la coltella,
> Che taglia, e pugne, che par un diletto,
> Che sio el travassi nella mia capanna,
> Io gliele caccerei più d'una spanna.   (La Nencia da Barberino)

Le *Combat des deux Centaures*, exécuté dans une manière analogue, est d'un travail un peu moins rude, avec des hachures plus variées et plus fondues. La planche porte sur plusieurs points des marques de trous, d'où Ottley a pu penser qu'avant de servir à l'impression, cette planche a servi de décoration à quelque meuble ; ce serait alors, comme dans certaines pièces de Baldini où nous avons vu des indices d'orfévrerie, un moyen terme entre la nielle et la gravure

Il est difficile de ne pas trouver aussi, en voyant ces estampes, quelque analogie entre la manière de Pollaiuolo et celle de Mantegna. L'orfèvre florentin, graveur par accident, n'aura pas été, je suppose, l'initiateur ; mais le temps fera certainement connaître de lui d'autres ouvrages.

3. Quand on se sera bien rendu compte de la manière des graveurs florentins, de ce style de toute l'école, aux mouvements si nobles et si élevés, — *Modi pien d'honore*, — *l'Andar ch'uscita par del paradiso* [1], — on sera porté à ajouter à leur œuvre un certain nombre d'estampes anonymes, mal classées dans les collections ; car ces graveurs n'ont pas habituellement signé leurs ouvrages, comme ceux des autres écoles, d'un nom ou d'un monogramme.

Zani, qui décrit un grand nombre d'estampes anonymes italiennes, en assigne plusieurs à l'ancienne école florentine, en faisant remarquer surtout la manière parcimonieuse avec laquelle on y traite les terrains et les ciels. Il y a distingué assez nettement un maître anonyme, graveur de trois estam-

---

(1) Laurent de Médicis ; *Le sette allegrezze d'amore.*

pes remarquables : *Moïse recevant les tables de la Loi sur le Sinaï*, où il
n'y a au ciel d'autres nuages que ceux où posent des anges, la figure toute
rayonnante; *David vainqueur de Goliath*, où le ciel est dépourvu de nuages;
et la *Reine de Saba visitant Salomon*, où les nuages sont faits dans la manière des premiers maîtres florentins, c'est-à-dire en forme d'œufs rassemblés par groupes.

Ottley rapportait à l'École florentine la *Vie de la Vierge*, suite de 15 pièces attribuées encore par Bartsch, à Nicoletto de Modène ; M. Passavant
la rencontrant au Cabinet des estampes de Paris, a confirmé cette opinion,
en ajoutant qu'elle a été gravée par un maître italien, d'après les dessins
de Fra Filippo Lippi qui , lui-même paraît en avoir gravé quelques pièces,
entre autres l'*Annonciation* et le *Crucifiement*, dont la planche d'argent
existe encore à Florence et y est connue sous le nom de planche gravée
par F. Lippi [1]. Le peintre dont il est ici question est sans doute, non pas
Filippo , célèbre par l'enlèvement de la novice Lucrezia Buti du couvent
de Sainte-Marguerite, mort en 1469, mais le fils de Filippo et de cette
Lucrezia, Filippino Lippi, qui avant d'exécuter les fameuses fresques de
la chapelle del Carmine, c'est-à-dire vers 1480, avait travaillé chez Sandro
Botticelli élève de son père, et avait dû y pratiquer la gravure.

Les estampes qu'on attribuerait à Lippi , ne sont pas égales de travail
et de mérite, mais elles ont tous les caractères de l'École. La composition
en est symétrique, religieuse et pleine de grandeur; pauvre par le paysage,
mais riche dans les fonds d'architecture ; les Saints y portent des nimbes
épais comme dans les nielles et dans les gravures les plus anciennes. Le
burin en est court, fort, quelquefois un peu mou , ce qui a pu motiver
l'attribution qu'en fesait Bartsch ; mais le dessin est d'une sévérité et
les têtes sont d'une expression tout-à-fait étrangères au maître à qui il
les donnait. La Vierge de cette suite a des formes longues, des draperies
à plis raides mais habilement agencées, et une physionomie pleine de
candeur. Le Christ, très-allongé aussi, a une expression triste et noble.

4. Si quelque découverte ultérieure venait appuyer la conjecture d'Hei-

---

(2) Note au crayon consignée dans un volume du Cabinet des estampes.

necken, il faudrait compter encore dans l'École florentine, un graveur qui a marqué ses estampes d'un L et d'un A, accolés et suivis d'un ou de deux F. L'iconographe de Dresde y voyait les initiales d'un Luca Fiorentino sur lequel, du reste, il n'avait pas de renseignements. Deux estampes ainsi marquées : *Salomé portant la tête de saint Jean-Baptiste,* et une *Femme assise avec deux enfants nus, dans un paysage,* lui paraissaient traitées dans la manière des orfèvres italiens. Bartsch, qui n'a connu aussi que ces deux pièces, les trouvait d'un burin plus délié qu'il n'appartient aux premiers graveurs italiens, ayant de la ressemblance avec les estampes de Robetta, et faites dans les dernières années du XVe siècle.

Ottley a traité fort succinctement ce maître dont il ne connaissait qu'une pièce, un *Archer vu de dos,* qu'il trouve de l'exécution la plus misérable. Elle nous a paru, en effet, fort élémentaire de dessin et de gravure, mais non dépourvue de style, si l'on peut donner ce nom à une certaine tournure héroïque qui rappelle assez bien l'École.

Brulliot ajoute à ces estampes deux pièces qui portent une marque un peu différente, et s'autorise de l'une d'elles, la *Vierge assise avec l'enfant Jésus, accompagnée de saint François et de saint Antoine,* qui présenterait de la ressemblance avec les gravures de Marc Antoine, pour reculer jusqu'aux premières années du XVIe siècle, l'époque de notre anonyme.

Zani, qui décrit la *Salomé* comme une bonne pièce, et cite du même maître le *Buste de l'empereur Galba* et plusieurs estampes en bois, n'adopte pas, sans doute, l'interprétation conjecturale d'Heinecken; mais il n'oppose, pour le moment, qu'un motif, c'est qu'il est tout à fait inusité qu'un artiste ait pris pour marque la première et la dernière lettre de son nom, comme on voudrait qu'eût fait ce Luca de Florence. Il cite ensuite, comme document, *Luca* dit *Franza,* orfèvre de Bologne, florissant en 1465, et maître de Raibolini qui prit de lui le nom de Francia. On doit regretter ici comme dans beaucoup d'autres circonstances, que Zani ait renvoyé pour s'expliquer plus amplement, à des parties de son Encyclopédie qui n'ont pas été publiées.

Qu'il me soit permis de donner un autre nom à l'appui de la conjecture d'Heinecken. LUCA ANTONIO FIORENTINO, de l'illustre famille des imprimeurs Giunta ou Zonta, imprima à Florence et à Venise, de 1482 à 1537;

5

il marquait ses livres d'un L et d'un A, au-dessous de la fleur de lys à étamines, marque de sa famille. Ces livres sont quelquefois ornés de figures
sur bois, et s'il est certain, comme l'avance Zani, que plusieurs estampes sur
bois, signées d'un L et d'un A sont, au moins pour le dessin, du même
maître qui a gravé la Salomé et les autres pièces, on est amené à croire
que ce maître pourrait bien être Luca Antonio le florentin, transporté à
Venise et y travaillant pendant les dernières années du XVe siècle et les
premières du XVIe ; y gravant et y faisant graver des estampes isolées, en
même temps que des planches pour ses livres. Brulliot cite des bois attribués à ce maître, avec des marques un peu différentes, sans les rappro-
cher de ceux qui sont donnés à Luca Fiorentino. Zani décrit au nombre de ces bois, une *Flagellation* dont le dessin dénote un maître du plus
grand mérite, et une grande composition représentant en trois pièces
les *Mages allant à l'adoration*, l'*Adoration* et le *Massacre des Innocents*,
d'après Dominique Campagnola [1]. J'ai vu au Cabinet des estampes de
Paris l'*Adoration des Mages*, marquée d'un L et d'un A suivis d'un asté-
risque sur un petit cube; grande pièce dont le dessin large, le burin
coloré et les formes ramassées indiquaient l'influence de l'École vénitienne du XVIe siècle.

5. ROBETTA fut le dernier de ces orfèvres burinant le cuivre à la façon
des nielleurs. Il est peu connu comme artiste. Vasari le nomme comme
orfèvre, faisant partie, avec onze autres artistes sculpteurs ou peintres,
d'une compagnie du Chaudron (*compania del pajuolo*); mais il ne le cite
pas comme graveur. On trouve pourtant son nom entier, ou par abrégé,
sur un assez grand nombre d'estampes. Bien qu'il ait travaillé jusqu'aux
premières années du XVIe siècle, ses ouvrages portant des dates jusqu'en
1512, il garda la sécheresse et la dureté des premiers graveurs du XVe,
à peine modifié par ceux qui s'étaient produits depuis et qu'il connut
certainement.

---

(1) M. Ch. Le Blanc mentionne deux de ces pièces dans le *Manuel de l'amateur d'estampes*,
tom. I, pag. 7.

Zani le donne comme peintre, inventeur et même grand dessinateur ; Ottley lui trouve une imagination fertile et de la grâce dans les petites figures drapées de femmes et d'anges. Cependant son dessin m'a paru plus pauvre qu'il n'appartient à son école ; aussi réussit-il moins dans les figures nues, qu'il grava pourtant en grand nombre. Son contour dur et sec n'est pas, comme chez ses contemporains, racheté par l'élévation des formes. Il grava quelquefois d'après les dessins de Luca Signorelli et de Filippo Lippi. Sa gravure, exécutée avec liberté, est faite de hachures serrées et menées dans toutes les directions. Dans les parties claires des figures et des terrains, il introduit un petit nombre de points et de petits traits, dans la manière des graveurs allemands.

Les estampes de ce maître étant fort connues, j'en citerai seulement quelques-unes : la *Vierge avec l'Enfant Jésus*, dans un paysage, qui est, dans les belles épreuves, un ouvrage supérieur aux autres pièces, du plus grand style et gravé même dans une manière plus moelleuse et plus savante ; la *Création d'Ève*, où l'on voit Dieu représenté jeune et sans barbe ; les *Quatre amoureux et la vieille femme*. Ottley remarque que la vue de ville qui fait le fond de cette composition, est copiée d'une partie du fond d'une estampe d'Albert Durer, l'*Effet de la jalousie*. La pièce allemande est sans date, mais dans la première manière du maître de Nuremberg, et sans doute de 1504 à 1508 ; c'est le seul cas de plagiat que l'on rencontre dans les ouvrages de Robetta, et Ottley en conclut qu'ils furent exécutés avant l'arrivée des gravures de Durer à Florence. Ces points de contact entre les deux écoles sont toujours importants à noter, et nous en rencontrerons beaucoup d'autres.

IV.

Mantegna et ses élèves.

1. La découverte de Finiguerra fut bientôt répandue et fructifia ailleurs qu'à Florence. A Padoue, où le Squancione avait fondé une école renommée par l'étendue de ses études et le grand nombre de ses élèves, un de

ceux-ci, ANDREA MANTEGNA, qui, dès l'année 1448, à l'âge de 17 ans, s'était fait connaître comme peintre, et s'était marié avec la sœur des deux maîtres primitifs de Venise, Jean et Gentil Bellini, pratiqua la gravure de si bonne heure et avec un tel succès, qu'il a passé auprès de plusieurs auteurs pour le premier graveur qu'ait eu l'Italie. Le fait est qu'il fut le premier graveur de profession, tirant en grand nombre ses estampes, les publiant pour la vente, enseignant sa manière à plusieurs élèves et la propageant même au milieu des autres écoles [1]; aussi Zani a-t-il été fondé à l'appeler le prince des graveurs anciens. Il était, en outre, modeleur et sculpteur de figures en bronze. Lanzi a pensé qu'il avait appris les rudiments de la gravure, de Nicolo, l'orfèvre d'Innocent VIII, dont il a placé le portrait à côté de celui de son maître, dans la fresque de St-Christophe de l'église des Hermites, à Padoue. Suivant Ottley, ses premiers essais de gravure pourraient remonter jusqu'en 1455.

Il ne faut s'attendre à trouver dans les estampes de Mantegna, la manière de ses tableaux que dans une mesure restreinte et toutes différences gardées ; le peintre montrant dans sa peinture une finesse et un soin qui vont jusqu'à la sécheresse, une harmonie et une douceur de teintes telles qu'on doit les attendre d'un contemporain de Jean Bellini ; traitant, au contraire, la gravure avec la liberté et la force d'un peintre. Ses estampes furent les premières où l'on vit de véritables compositions, comme dessin et comme effet ; où les lignes furent sûres, les plans modelés, les lumières et les ombres bien rendues ; mais le travail en est rude et sans choix. Les peintres graveurs n'eurent jamais besoin, comme on sait, de posséder à fond le maniement du burin, pour produire le résultat qu'ils avaient en vue. Mantegna fut le premier de ces graveurs pittoresques ; son dessin est savant dans les figures nues comme dans les draperies, expressif dans les têtes, correct dans les extrémités ; son burin est varié dans ses travaux, ici tenus et sobres, ailleurs larges, rudes et colorés. Au reste, il y a beaucoup d'inégalité aussi dans le tirage des planches : quelques iconographes

---

(1) Albert Durer a reproduit le saint Jean de la *Déposition au tombeau*, dans son *Crucifiement*; Marc Antoine, sans copier directement Mantegna, en a beaucoup profité.

ont pensé qu'elles étaient d'étain, et ils expliquent par là l'extrême finesse des tailles et le petit nombre de bonnes épreuves qu'elles présentent. Bartsch suppose même que Mantegna grava une seconde fois plusieurs de ses pièces, qui avaient été d'abord exécutées sur un métal plus mou que le cuivre, et qui s'étaient usées à l'impression. Zani les croit toutes sur cuivre, mais constate aussi deux éditions. Il explique leur rareté, par l'estime et la vogue dont elles jouirent auprès des peintres, qui les livrèrent à l'usage insouciant et destructif de leur atelier. On doit, d'un autre côté, distraire de son œuvre beaucoup de pièces qui lui sont attribuées; il n'en grava, selon Zani, qu'une vingtaine.

Le Christ et la Vierge de Mantegna sont du petit nombre des figures qu'on n'oublie plus dès qu'on les a vues, tant le maître y a mis son cachet, son idéal, des formes plus exactes que choisies, une expression plus forte qu'agréable et une singulière grandeur. Il a rendu avec un accent particulier les désolations de la Passion : au milieu de rochers prismatiques, d'arbres desséchés, ou sur des fonds d'architecture sévère, paraissent des figures musculeuses, amaigries, prises souvent dans des raccourcis insolites, des femmes aux longs voiles, aux cheveux épars, aux gestes éplorés, souvent plus lugubres que belles ; un Christ à l'expression douloureuse, plus rude qu'élevé, mais dans sa vulgarité même, empreint d'une puissance infinie. Ces pièces sont assez connues pour qu'il suffise de nommer *Jésus descendant aux limbes*, le *Christ à la colonne*, et surtout l'estampe que Zani jugeait la plus parfaite du maître, tant pour le dessin, que pour l'expression et pour l'habileté des tailles, la *Déposition au tombeau*. Ces figures, à la bouche béante, ont un grandiose qui n'appartient qu'à elles.

Mantegna voyait plutôt dans la nature les aspects de la force et de la douleur, que ceux de la grâce et de la beauté ; aussi, a-t-il moins réussi dans les compositions mythologiques, où le peu d'agrément de son burin paraît plus choquant. Il a étudié les bas-reliefs antiques, mais il reproduit plutôt la solidité que la beauté de leurs formes. La *Bacchante portée sur le dos d'un faune près de Silène*, est un de ces corps avachis par la ripaille, que l'on ne verrait pas sans dégoût, si l'art ne relevait tout ce qu'il touche ; dans une composition de *Tritons enlevant des nymphes*, il y a des formes plus agréables, mais les têtes sont toujours d'une beauté négligée.

En faut-il conclure qu'à la cour des Gonzague de Mantoue, dont Mantegna fut le peintre favori, les femmes n'étaient point belles ? Peut-être que ces princes, guerriers déterminés, furent moins délicats que les Médicis, bien qu'ils fussent, comme eux, magnifiques et prodigues dans leur goût pour les arts. Isabelle d'Este, la femme du marquis Jean François, avait une collection de tableaux, et dans le nombre, le Parnasse de Mantegna que possède le Louvre ; le joli groupe des muses qu'on y remarque, a même été reproduit en gravure par le peintre et par plusieurs de ses élèves. Là, certainement, Mantegna se sera efforcé de rendre son parangon de beauté ; devant le tableau comme devant l'estampe, on est forcé de convenir que cette beauté est plus accentuée que régulière, plus piquante que pure ; ce qui ne l'empêcha pas d'être fort goûtée dans un temps et dans une cour où l'on disait avec le poète :

> Il Gonzalesco sole
> Si rapresenta a me più bel que mai [1].

Mais je reviens à la gravure. Bien que la manière du maître soit constante, on peut cependant, en examinant de près ses ouvrages, trouver une différence entre les premiers et les derniers. Ottley, qui en a fait la remarque, donne, comme exemple de ce changement de travail, la *Descente de Croix*, l'*Ensevelissement*, et un autre *Ensevelissement* plus grand et en largeur. On trouve, selon Ottley, dans ces trois pièces, le même travail de hachures diagonales, la même intelligence des figures, le même caractère de tête ; mais dans les deux premières, l'arrangement des groupes, le dessin des figures montrent une simplicité de manière et une maigreur de formes, caractères certains des méthodes du XVe siècle, que l'on ne voit pas dans la troisième ; l'artiste, en composant celle-ci, a donné aux parties nues une plus grande plénitude de contour, aux attitudes une expression prononcée et même exagérée de douleur. Il a adopté un mode de grouper plus artificiel, et en unissant les parties principales de sa composition en quelques grandes masses, a obtenu une plus grande largeur d'effet. Enfin, l'iconographe anglais a remarqué, à l'appui de ses considé-

---

(1) Francisco Cieco da Ferrara ; *Libro d'arme et d'amore nomato Mambriano.*

rations esthétiques, que dans la pièce faite en dernier lieu par le maître, les têtes des Saints n'ont point de nimbes, tandis que les premières en ont de prononcés ; or, c'est un fait constant que le nimbe va graduellement en s'effaçant, à mesure qu'on s'éloigne du milieu du XVᵉ siècle.

2. Beaucoup d'estampes anonymes sortirent de l'atelier de Mantegna, et il sera toujours difficile d'en faire l'attribution ; on en a distingué dans le nombre qui portaient deux monogrammes différents, que l'on retrouvait encore sur des pièces tout à fait originales. Ces monogrammes étant expliqués, l'un z. a. par Zoan Andrea, l'autre io. anton. brixian. par Jean Antonio de Brescia, on aurait ainsi les deux élèves les plus connus de Mantegna. Plusieurs auteurs voyant une certaine similitude et aussi une certaine confusion entre les estampes ainsi marquées, ont voulu les donner au même maître. Nous continuerons, sur l'autorité de Zani et de Ottley, à les distinguer sans dissimuler les motifs d'assimilation qu'on a pu avoir.

Zoan Andrea, que l'on ne connaît que par ses estampes, sans savoir positivement s'il fut de Venise ou de Brescia, fut un dessinateur exact et un habile graveur ; d'après ses gravures d'ornement, on a conjecturé qu'il était aussi orfèvre Il reproduit la manière de Mantegna, mais avec liberté, surtout dans les pièces qu'il n'a pas copiées de lui ; son burin est plus propre, plus fin, plus moelleux ; son dessin est peut-être aussi plus agréable, mais son style est petit.

La *Vierge sur un trône, entre sainte Hélène et saint Michel*, est une figure carrément posée ; la tête ronde, les yeux et la bouche arqués, d'une expression forte et calme. Le *Christ sur son tombeau*, qui se détache en lumière sur un fond travaillé, avec l'effet d'un bas-relief, est un morceau savant ; l'expression en est sereine sans beaucoup d'idéal. Le travail de ces pièces rappelle sans servilité celui de Mantegna ; moins de rudesse, mais aussi moins de hardiesse et de vigueur. Dans les sujets mythologiques et mondains, Zoan Andrea montre aussi un talent plus doux mais moins magistral que le graveur de Padoue. Dans le *Satyre et la Satyresse conduisant un bouc sur lequel chevauche l'Amour*, je remarque une tête de jeune femme, les cheveux retombant sur le cou, d'une beauté simple et assez noble. Dans les *Deux amants* en buste, cette beauté prend plus décidément le type particulier à Zoan, le visage arrondi et les yeux arqués. Parmi les pièces qu'il a faites d'après Mantegna, je ne citerai que la *Judith*, DIVA IVDIT, parce que c'est une figure vraiment magistrale par l'expression, le dessin et l'exécution; du reste, c'est dans les copies de ce genre qu'il est le plus facile de le confondre avec Jean Antoine de Brescia.

Zoan travaillait encore au commencement du XVIe siècle; il a exécuté des copies de quelques pièces d'Albert Durer, qui sont faites avec intelligence et liberté; elles prouvent combien l'influence de Durer fut grande en Italie, même avant Marc Antoine. On en peut induire encore que Zoan travailla à Venise, où le maître de Nuremberg vint en 1506 et répandit lui-même ses ouvrages.

Suivant Zani, qui scrute toutes les particularités des estampes de ces Jean, dans plusieurs notes de la seconde partie de son livre, trésor d'érudition et d'esprit iconographiques, Zoan Andrea aurait gravé en bois ou du moins fourni des dessins pour des gravures en bois. Une édition de l'Apocalypse, donnée à Venise par Alessandro Paganino en 1516, et reproduisant en grande partie les estampes bien connues d'Albert Durer, porte sur son frontispice original et sur plusieurs planches qui sont les meilleures de la suite, les marques z.A. I.A et ZOVA ADREA. Ces bois, d'exécution inégale, toujours médiocres, quelquefois détestables, sont l'œuvre de plusieurs graveurs; quant au dessinateur nous ne voyons pas pour quoi il en aurait été besoin pour copier des estampes d'Albert Durer. D'après la même autorité Zoan serait l'auteur des dessins de plusieurs recueils publiés à Venise et portant les marques IA. ta. z.A.; mais cette attribution me semble plus contestable que l'autre, comme nous le verrons à l'article des graveurs en bois italiens. Dans tous les cas, ces estampes sur bois n'ajouteraient rien au mérite de Zoan Andrea, suffisamment apprécié, je crois, d'après ses estampes au burin.

3 GIOAN ANTONIO DA BRESCIA. Lorsque, sur l'autorité de Zani, on distingue ce maître de Zoan Andrea, la considération principale à faire valoir, c'est que les pièces marquées du monogramme particulier qui lui est appliqué, dénotent un graveur moins original et entraîné vers l'imitation de Marc

Antoine. Dans le volume du Cabinet des estampes, où les pièces de l'un et de l'autre ont été confondues, il est encore facile de les distinguer au travail et au style : le premier étant plus hardi dans son dessin, plus expressif dans ses figures ; le second plus habile buriniste peut-être, mais plus vulgaire. Les iconographes qui n'admettent qu'un seul Jean, André ou Antoine, considèrent d'un autre côté que l'œuvre réunie est composée de sujets analogues, ne faisant pas double emploi, se complétant même l'un par l'autre ; que le nombre total des pièces, une vingtaine pour chaque monogramme, sans compter les anonymes nécessairement confondus, ne dépasse pas la portée d'un graveur ordinaire de ce temps ; et ils expliquent leurs différences par un changement de manière et de monogramme, fait que nous voyons se reproduire dans l'œuvre de quelques autres maîtres. Pour moi, en attendant quelque document direct sur ces artistes ou un examen plus clairvoyant de ces estampes, j'y trouve l'empreinte de deux burins produisant à côté, puis à la suite l'un de l'autre, sur les mêmes données ; le second, paraissant moins magistral et en même temps plus avancé que le premier, ne peut pas être pris pour une seconde manière du même graveur.

Parmi les pièces que Jean Antoine a faites dans la manière de Mantegna, qu'il rapetisse plus encore que Zoan Andrea, on distingue la *Vierge adorant l'enfant Jésus près de saint Joseph endormi ; la Vierge joignant les mains devant l'enfant Jésus qui tient un moineau ; la Vierge allaitant.* Ces figures ont une expression pieuse, mais petite et vulgaire ; le burin a plus de propreté peut-être que dans les estampes précédentes de l'École, mais il a moins de fermeté.

En travaillant sur les mêmes données que Marc Antoine, et aussi d'après des dessins de Raphaël, Jean de Brescia garda un peu plus de brut, tout en restant inférieur à ses modèles, comme on peut le voir dans la *Vierge montant les degrés du Temple,* qui est sans doute un de ses derniers ouvrages signé de ses initiales, autrement disposées que dans les autres. Ce maître a fait aussi quelques copies d'Albert Dürer. Ottley cite le *Songe de l'organiste* et le *Cheval blanc,* que Bartsch n'a pas connus. Il a gravé en outre de nombreux montants d'ornements dans des modes assez variés, avec ou sans initiales ; ils se confondent souvent avec ceux qu'a gravés Zoan.

6

Ottley cependant distingue ces derniers à leur dimension et à leur manière plus mantégnesque. Il m'a paru aussi que les ornements de Jean décelaient dans leur exécution moins d'habileté et de hardiesse. Nous retrouverons encore ces arabesques dans l'œuvre de Nicoletto Rosex, qui, par la liberté et la verve avec lesquelles il les a traitées, en a pris plus entière possession.

Enfin, et comme pour ajouter à la confusion des Jean de l'école de Mantegna, il se trouve qu'un Giovanni da Brescia a fait graver en bois une *Histoire de Trajan*, en plusieurs pièces. En 1514, ce Giovanni appelé aussi Zoan selon le dialecte vénitien, adressa une requête au doge de Venise, dont le texte jette quelques lumières sur l'historique de la gravure en bois : *Zoan da Brescia depentor*, expose au doge qu'il a fait un dessin de l'histoire de Trajan, et l'a fait tailler en bois à son nom, *habi fatto un disegno e quello fatto intagliar in legno a suo nome*, qu'il en a fait imprimer une partie, et a l'intention de l'imprimer en entier ; mais que d'autres personnes ayant aussi entrepris à son détriment d'imprimer son dessin et sa gravure à cause de leur beauté, il demande qu'on prohibe à tout autre l'impression de son œuvre et qu'on lui accorde à lui seul le privilége de l'imprimer et de le vendre à son nom pendant dix ans [1].

4. Il y eut encore un Jean dans cette école, mais celui-ci, Dieu merci, ne peut donner lieu à la méprise. GIOVANNI MARIA DA BRESCIA, moine de l'ordre des Carmes, passe pour le frère de Giovanni Antonio ; on ne doit pas le séparer de lui, bien qu'il ait travaillé de 1502 à 1512. Il m'a paru, d'après la pièce qui pouvait m'intéresser, la *Vierge aux cinq Saints*, un élève dégénéré de Mantegna, ayant sans doute de la dextérité et de la douceur dans l'outil, mais fort inférieur pour l'originalité à ses contemporains. Ottley, en citant la *Justice de Trajan*, la seule pièce qu'il ait vue de ce graveur, y trouve un mérite considérable de dessin. Les figures, dit-il, sont ombrées en hachures, menées dans des directions diverses, mais non croisées ; c'est-à-dire encore tout à fait dans la manière des graveurs du XVᵉ siècle.

---

(1) Gaye; *Carteggio inedito d'Artisti*; Firenze, 1839, in-8º, Doc. LXXXI.

V.

Les graveurs de Venise, Ferrare, Milan.

1. On a très-bien distingué, dans l'histoire de la peinture vers la fin du XVᵉ siècle, l'École vénitienne, formée par Bellini, de l'École de Padoue, formée par Squarcione. La première se faisait remarquer par la douceur des teintes, la rondeur et la mollesse des figures ; la seconde par un dessin précis et recherché. Mantegna, bien qu'allié à Bellini et en recevant quelque influence, ne resta pas moins séparé des Vénitiens, comme nous avons vu. Or, il y a un groupe de graveurs qui a des accointances plus intimes avec cette École vénitienne ; ils subissent plus ou moins l'influence de l'École Padouane, mais ils ont une manière de graver à eux ; ils vécurent d'ailleurs dans un milieu différent ; les principaux d'entre eux furent les peintres et les graveurs d'affection des Este, ducs de Ferrare.

Les graveurs que nous réunissons ici, ont été classés par Zani sous le titre général d'École padouane, à laquelle peut se réunir la vénitienne pour n'en former qu'une seule ; mais le titre d'École m'a paru ambitieux, impropre pour des artistes qui ne dérivent pas du même maître, ne travaillent pas dans la même ville et ne gravent point d'une manière identique. Considérés relativement aux graveurs de l'École florentine, ils se distinguent, il est vrai, par des qualités particulières : ils ont le burin plus doux et plus *pastoso*, comme dit Zani ; les figures sont grandes, en petit nombre, et remarquables par la finesse et la correction des extrémités. Mais considérés entre eux, ils ont aussi leurs démarcations ; primés en date et en mérite par Mantegna, ils le suivent à des distances inégales, chacun avec sa part plus ou moins grande d'originalité.

HIERONIMO MOCETO ou MOZETO était de Vérone ; il vint à Venise se former dans l'école de Jean Bellini ; ses peintures sont citées par Vasari et par Lanzi ; il travailla de 1484 à 1493 et mourut avant le commen-

cement du XVIᵉ siècle. Ses estampes, extrêmement rares, ont de la largeur dans le style, particulièrement dans les draperies, de la franchise
dans le travail fait de hachures croisées dans une manière un peu rude,
mais pittoresque.

La *Judith* est une figure magistrale, d'une grandeur et d'une énergie
de dessin dignes des plus grands maîtres. L'héroïque fille a une beauté
robuste, des yeux à fleur de tête, le nez fort, la lèvre épaisse, des formes
solides. Le burin est rude et rapide comme le crayon d'un peintre; les
traits heurtés, les plis anguleux, mais d'une ampleur et d'un mouvement
superbes.

La *Vierge dans une chaire devant un treillis rustique* a aussi de la grandeur
et de la correction; l'expression est calme et sérieuse, le burin est sûr
et doux, fortement accusé dans le contour, moelleux dans les hachures.
La *Vierge sur un trône, entourée de Saints*, est d'un travail de burin plus élémentaire et plus dépourvu d'effet. Le dessin en est aussi plus incertain,
les draperies moins habiles; la figure principale d'un type plus petit ne
manque pas de naïveté; c'est sans doute un de ses premiers ouvrages. Le
Baptême de Jésus-Christ et la *Résurrection*, scènes grandes et religieuses,
rappellent Jean Bellini, par la tranquillité des têtes.

Moceto n'a pas été aussi bien inspiré et aussi habile dans les figures
nues. Sa manière y paraît inégale et peu fixée quant au type; certaines
pièces nous montrent des formes si pauvres et si négligées, qu'on peut
douter de l'attribution qui en est faite : telles sont les *Néréides*, la *Sottise
sur le trône*, pièces qui ont été aussi faussement attribuées à Baldini. Il a
pourtant quelques figures mythologiques qui, sans atteindre à la beauté
de sa Judith, ont leur mérite. Je citerai surtout une pièce singulière
dont la figure principale, d'un type plus solide qu'idéal, ne manque pas
de style; gravée d'un burin parcimonieux mais sûr, elle appartient au
bon temps du maître. Elle représente une Nymphe endormie au bord
d'une fontaine peuplée de canards et de rainettes, en présence de Neptune
et de plusieurs satyres qui la dévoilent.

Bartsch a donné de cette estampe qu'il place parmi les anonymes, et
qu'il appelle la *Nymphe dormante*, la description la plus diffuse et l'expli-

cation la plus alambiquée [1]. Ottley et Brulliot ont perdu leur latin devant l'inscription en lettres goffes qu'on y lit, assez difficilement il est vrai. Il me semble que le sujet est la *Nymphe Amymone*, surprise par des satyres à la fontaine de Lerne où Neptune la vint trouver. L'inscription qui a paru indéchiffrable peut être lue ainsi :

SEPE EADEM ANAS TE JAM SAT PAXIT.

C'est une allusion directe au sujet et au rôle de comparses que jouent ici les satyres, réduits à tirer les marrons du feu. Ne ressembles-tu pas un peu au satyre de Mozeto, amateur qui regardes cette estampe piquante et qui cherches curieusement le sens de son dicton ? — *Souvent même canard bien assez te repaît.*

2. IULIO CAMPAGNOLA *Padovano, Iulius Campagnola Antenoreus,* est le graveur capital du groupe que nous distinguons ici. A seize ans, il était déjà célèbre à la cour d'Heroule d'Este, par ses talents extraordinaires et variés. Il pratiquait la miniature et le dessin ; il modelait ; il cultivait la poésie et la musique. Ses contemporains célébrèrent en vers et en prose ce génie précoce : *Quid præter litteras tum latinas tum græcas impuber iste, et lyram tractare, et in eâ canere, versus edere, et quod cæcus non potest, scribere, pingere, statuas atque signa fingere sic per se se magis ut puto duce naturâ quam arte, perdidicit* [2].

Zani ne le croit pas cependant artiste de profession, mais dilettante en toutes ces sortes d'art. On le citait comme contrefaisant en perfection les tableaux de Mantegna et de Bellini ; il travaillait encore en 1513, comme graveur. Campagnola eut une manière neuve ; sa gravure, pointillée, obscure et moelleuse, tient de la manière au maillet, que pratiquèrent dans la suite plusieurs graveurs [3]. Zani le donne comme le premier, peut-être, qui ait employé cette méthode ; on pourrait trouver une analogie plus

---

(1) *Le Peintre graveur*, tom. XIII, pag. 114.

(2) Lettre de Matteo Bosso cité par Zani ; *Enciclopedia*, P. I, tom. V, pag. 326.

(3) Girolamo Bang et Paolo Flint, à Nuremberg, en 1592 ; Delaune, à Strasbourg ; Lutma, Hollar, etc.

honorable encore. Plusieurs de ces estampes rappellent les essais photographiques, et, comme ces essais, elles ne sont pas toutes réussies. Campagnola a voulu faire rendre à la gravure, avec les moyens bornés dont elle était en possession de son temps, les parties de la peinture qui lui sont le plus rebelles : la couleur et la lumière ; et comme il n'a réussi qu'en partie dans une œuvre d'ailleurs peu nombreuse, il n'a pas conquis la renommée de ses contemporains, les dessinateurs burinistes ; dans sa manière cependant, il n'a pas été dépassé.

La *Samaritaine au puits* est sa pièce capitale. Ottley la croit gravée sur un dessin de Giorgione. La femme, tenant sa cruche et s'inclinant sur la margelle, tourne de trois quarts la tête et regarde le Christ d'un œil brillant et humide ; une douce lumière vient caresser sa joue et ses épaules potelées. A gauche, le Christ debout lève la main et parle. Son profil ombré se détache en traits aigus sur le ciel clair, et l'expression en est un peu forcée ; de bonne heure, l'École coloriste de Venise s'éloigna, par la recherche de l'effet, du calme des Écoles de Rome et de Florence. Il faut remarquer aussi le joli paysage où la scène a été placée ; près du puits sculpté de têtes de béliers, un arbrisseau et des troncs d'arbres pittoresques ; dans le fond, une villa vénitienne figurant la ville de Samarie, dont les tours se baignent dans une eau limpide.

La *Nymphe*, vue de dos, nue et couchée près d'un massif de feuillage, est une estampe dans la plus douce manière du maître ; la lumière et l'ombre sont répandues avec tant d'harmonie sur ces formes arrondies, et le contour en est en même temps si finement terminé, qu'on dirait une étude photographique. Le type de beauté n'en est pas grand et idéal, comme l'aurait fait un florentin ; la tête est même triviale, les formes grasses ; mais la figure ne manque pas de délicatesse ; les extrémités sont fines et correctes.

L'œuvre toute entière de Campagnola, composée de neuf pièces dans Ottley, pourrait être citée. Le *Penseroso*, qui n'a été connu ni de Bartsch ni d'Ottley, est encore une belle figure d'étude, bien que moins réussie dans l'ensemble. Le *Saint Jean-Baptiste*, que Bartsch donne comme la première estampe au pointillé, est une figure exacte, qui prouve avec quelle sûreté ce buriniste moelleux savait dessiner, attacher les membres,

marquer les muscles, coller une draperie au corps. Ici, sa manière habi-
tuelle n'intervient que pour estomper légèrement le trait. La même pièce
a été faite par Moceto, et l'on ne sait trop quel est l'original ; Bartsch se
prononce pour celle de Moceto : il se pourrait qu'ils eussent l'un et l'autre
travaillé d'après Mantegna. Campagnola s'essaya aussi d'après les maîtres
allemands en gravant une *Femme nue allaitant*; dans le fond du paysage
est un Père du désert, marchant à la manière des bêtes. Albert Durer
avait gravé le même sujet que Bartsch appelle *Sainte Geneviève*, et on peut
croire sa pièce antérieure ; Zoan Andrea l'a traité aussi [1]. Enfin, Campagnola est du petit nombre des graveurs du XVᵉ siècle que copièrent
ceux du XVIᵉ; Augustin Vénitien reproduisit plusieurs de ses estampes.

J'ai indiqué tout à l'heure les exemples de beauté et de poésie que
l'école de Mantegna avait sous les yeux ; j'ai cité le poème de l'Aveugle de
Ferrare, qui, avant l'Arioste et dans un langage plus âpre, amusa la
cour des Gonzague des extravagances héroïques et amoureuses du *Mambriano*. Si on voulait trouver encore des modèles plus rapprochés des
graveurs que nous avons sous les yeux, il faudrait chercher dans l'*Or-
lando innamorato* de Boiardo, ce poème oublié pour d'autres plus polis,
dédaigné comme nos estampes du XVᵉ : poète et graveur ont en effet
même talent, talent inégal, mais harmonieux, inculte, mais plein de sève
et de couleur. On ne saurait trouver de meilleurs traits que ceux des
nymphes de Campagnola, pour figurer les héroïnes de Boiardo : Angélique
endormie sur l'herbe et les fleurs qu'avait foulées Renaud ; ou Marfise,
brunetta alquanto e grande di persona.

3. DOMENICO CAMPAGNOLA, du même pays et peut-être de la même famille
que Iulio, suivit quelque peu sa manière de graver, mais ne le valut pas.
Il aurait été plus heureux comme peintre et comme dessinateur s'il fallait
en croire la tradition. Condisciple de Titien à l'École de Girolamo de
Santo de Padoue, en 1511 [2], son émule dans plusieurs peintures, assez

---

(1) *Le Peintre graveur;* tom. VI, pag. 299.
(2) *Abecedario de P. J. Mariette*, publié par M. Ph. de Chennevières; *Archives de l'art français*, 1853, Paris, Dumoulin, in-8º.

habile pour exciter, dit-on, sa jalousie, il était aussi célèbre pour ses paysages à la plume; Mariette qui les avait vus en parle encore avec les plus grands éloges; mais il ne faut appliquer qu'avec restriction à notre graveur ce qu'on dit ici de ces peintures et de ces dessins. Il a été confondu, à ce qu'il paraît, avec un *Domenico veneziano*, et avec un *Domenico delle greche*, peintre et marchand d'estampes, dont on trouve le nom sur une estampe en bois de 1549: la *Submersion de Pharaon* en 12 pièces d'après Titien. L'abbé Zani a établi la distinction à faire entre ces Dominique, et on se rend compte par là de l'infériorité du graveur par rapport au peintre, comme aussi de la différence que Mariette trouvait dans les dessins qui avaient passé sous ses yeux : «les uns d'une plume sèche et égale tiennent de la manière de dessiner du Georgion, les autres sont dans le grand style du Titien, » Les premiers, les seuls d'ailleurs, suivant Mariette, qui portent le nom de Campagnola, seraient alors l'ouvrage de notre graveur, qui a laissé des estampes datées de 1512 à 1517. Dans les pièces qu'il a exécutées dans la manière de Iulio, il n'a ni sa finesse de dessin, ni son harmonie d'effet; dans celles où il reste lui, sa gravure n'est pas sans mérite; elle est heurtée et approche des effets de l'eau-forte. Son burin est gras; à la recherche de la lumière qu'il affectionne, on reconnaît un coloriste, quoique son dessin anguleux le reporte loin de l'École vénitienne. On conjecturerait volontiers que les bois d'Albert Durer, dont le succès fut grand à Venise, ont eu de l'influence sur lui. Ses types sont moins choisis encore et moins idéalisés que ceux de Iulio.

L'*Assomption de la Vierge* est une composition singulière, à cette époque de l'École italienne. La Vierge s'enlève avec fracas; les Anges qui l'entourent, les Apôtres qui restent en bas, se livrent à des gestes extraordinaires et expriment leur étonnement de la façon la plus exagérée. On retrouve les mêmes caractères à quelques nuances près, dans la *Vierge entourée de plusieurs Saints*, et dans la *Décollation d'une Sainte*. Au mouvement du dessin et à la recherche de l'effet, on dirait un élève de Parmesan, ou plutôt de Bouasone. On a considéré à tort Domenico Campagnola comme graveur sur bois. Son nom se trouve, il est vrai, sur plusieurs estampes en bois, mais il n'y est que pour désigner le peintre ou le dessinateur des pièces gravées par Luca Bertelli et par d'autres graveurs postérieurs. La décadence arriva vite, comme on voit, pour l'École vénitienne; nous l'avons suivie un peu loin dans le XVIᵉ siècle avec l'élève de Iulio ; reprenons quelques graveurs qui l'ont mieux représentée.

4. BENEDETTO MONTAGNA, le plus connu, après Campagnola, des peintres graveurs de l'École vénitienne, était de Vérone, comme Moceto. Postérieur de quelques années à ce maître et travaillant de 1505 à 1524, il a un style plus gothique, surtout dans ses premiers ouvrages, et un travail de burin plus empâté. Les belles épreuves de ses estampes ont un aspect doux et vaporeux, *sfumato*, selon l'expression toujours si juste de Zani. Elles sont du reste fort inégales ; le graveur changea souvent de manière et se laissa notamment influencer par la méthode d'Albert Durer [1] si opposée à la sienne.

La *Vierge* de Montagna, vêtue d'une ample robe à plis angulaires, fixée avec une simple ceinture, les cheveux retombant épars et sans voile, a un caractère de naïveté assez sérieux. Son *Christ,* amplement vêtu aussi, les cheveux longs, la barbe courte, a de la douceur dans l'expression et de l'apprêt dans la pose. Je cite ces estampes, plus pour le type qu'elles donnent, que pour leur travail fort inférieur à celui de quelques autres, notamment au *Sacrifice d'Abraham,* la pièce capitale du maître.

Parmi ses femmes , qu'il a faites d'un type un peu court, lourdement vêtues, mais non sans grâce, on peut citer l'*Enlèvement d'Europe*, figure fine assez agréable malgré l'ingénuité de sa posture ; et *Amymone endormie surprise par deux Satyres :* le type , plus réel que beau de la nymphe, le nez court, les yeux petits , le sein et le ventre trop vrais , les jambes ignobles, indiquent l'étude d'un modèle mal choisi.

5. MARCELLO FOGOLINO. Voici un graveur dont l'œuvre est bien succincte ; Zani cite de lui trois estampes à sujet antique, Ottley une *Nativité;* mais , comme elles sont signées en toutes lettres du nom de Fogolino, peintre de

---

(1) V. Jeanron et Leclanché; Commentaires de la *Vie des peintres* de Vasari; Paris, 1842, tom. VIII, pag. 131.

quelque renom, ces pièces extrêmement rares ont droit à une distinction. Il était peintre principalement de vues et de paysages, architecte et orfèvre, à Vicence. Pris par les historiens de son pays pour très-ancien, antérieur même à Jean Bellini, il a été ensuite confondu avec Robetta; il devait travailler, à en juger par ses estampes, du temps de Benedetto Montagna avec lequel il a quelque rapport, vers l'an 1500, ou même un peu avant, selon Ottley. Il est surtout loué pour la distinction avec laquelle il a traité l'architecture, dans le petit nombre de pièces qu'on connaît de lui.

J'ai vu au Cabinet d'Amsterdam, une des pièces citées par Zani : une *Femme nue*, assise au pied d'un stylobate d'architecture classique, tenant un enfant sur son épaule et l'embrassant. La manière en est pâteuse et analogue à celle de Montagna; la figure a des formes replètes, mais aussi élégantes que les comporte l'École vénitienne de ce temps.

6. LE MAÎTRE AU DOUBLE P LIÉ. D'après une note rapportée par Lanzi, on avait appliqué ce monogramme à un nom célèbre, Pietro Perugino; mais l'attribution n'a point été confirmée et Lanzi a même retiré sa note, dans une édition postérieure de son histoire. Il est certain que les estampes où cette marque se trouve, n'ont rien de commun avec le style du maître de Raphaël; mais leur manière assez variée peut donner lieu à bien des suppositions, tant qu'on manquera de documents authentiques. Ottley les a classées dans l'École florentine; Zani y trouvait de l'analogie avec les ouvrages de Nicoletto; on constate, d'un autre côté, qu'il y en a de faites au maillet, dans la manière de l'École vénitienne. Il paraît donc plus sûr de classer leur auteur parmi les graveurs encore incertains.

Le *Christ descendu de la croix*, la seule pièce citée par Zani, est une composition médiocre; les figures longues et peu élégantes y sont d'un type petit et sans beauté; le burin assez sale n'a quelque distinction que dans le paysage. Le *Saint Christophe*, plus satisfaisant pour le dessin et pour l'expression, est d'une facture empâtée et pointillée. Mais l'estampe capitale du maître, est celle que Bartsch appelle la *Puissance de l'amour*. L'iconographe de Vienne ne paraît pas éloigné d'adopter l'ancienne attribution de ces estampes à Perugino; il trouve, du moins, dans le dessin de celle-ci, un grand rapport avec le dessin de ce peintre, et la manière avec laquelle il est rendu par la taille, décèle à ses yeux l'artiste auteur. Ottley, qui l'a minutieusement décrite sous le titre de *Sujet allégorique inconnu*, y trouvait plus d'analogie avec les productions de Florence, qu'avec celles d'aucune autre École. Dans cette estampe ainsi que dans plusieurs autres, ce maître m'a paru travailler en se rapprochant le plus souvent de la manière des graveurs vénitiens.

7. Deux noms, dont la célébrité s'est faite ailleurs que dans la gravure, peuvent être ajoutés ici comme travaillant dans la Lombardie et suivant le goût de Mantegna.

BRAMANTE DA URBINO, depuis si connu comme l'heureux promoteur de Raphaël et son maître en architecture, qui eut aussi de la réputation comme peintre et comme écrivain, peut être compté parmi les graveurs, pour une estampe qu'il exécuta à Milan, vers 1490, et qu'il signa en toutes lettres, BRAMANTUS FECIT IN MLO. C'est un *Intérieur de Temple*, avec arches en plein cintre, pilastres composites et frise en bas-reliefs; plusieurs figures posent et groupent sur les divers plans.

Cette estampe est selon Ottley, qui la décrit d'après l'exemplaire du Musée britannique, digne du nom qu'elle porte. Elle est finie avec soin, en hachures diagonales, dans le style de Mantegna; les figures, bien que dans le caractère maigre du XVe siècle, sont d'un dessin étudié et non sans grâce; les draperies sont faites dans cette même manière raide que Lanzi avait remarquée sur ses peintures; car l'architecte célèbre de l'École romaine n'est, comme peintre, à Milan, qu'un humble élève de Mantegna.

ALTOBELO MELONE, *Altobellus de Melonibus*, peintre cité honorablement par Vasari et par Lanzi, pour les fresques qu'il exécuta en 1497, à la cathédrale de Crémone, sculpteur sur fer, nous est maintenant connu comme graveur, pour deux estampes décrites aussi par Ottley: *Quatre Amours dansant en branle* et *Quatre Amours jouant de divers instruments*. Elles sont exécutées librement, dit l'iconographe anglais, d'une pointe délicate, avec des hachures croisées une seule fois, et leur dessin dénote un maître d'une habileté peu ordinaire. M. Le Blanc nous apprend qu'elles sont faites d'après des dessins de Mantegna qui existent dans la Collection

du Louvre [1]. Je ne sais d'après quelle autorité M. Le Blanc a fait travailler ce maître vers 1530; Zani le donne comme travaillant en 1500 et
en 1517. En tout cas, sa manière appartient aux graveurs du XV° siècle.

8. Cependant, Milan et la cour de Louis Sforze possédaient, dès l'année
1484, un maître plus grand que Mantegna, LÉONARD DE VINCI, qui était
venu de Florence en Lombardie, instituer une École dont la science et
l'expression sont restées incomparables. Le plus grand peintre du XV°
siècle n'eut pas de son temps de graveur digne de lui. La gravure, d'ailleurs à peine dégrossie à ses débuts, ne pouvait se flatter de rendre ce
type admirable des femmes milanaises du Vinci à la beauté douce et pro-
fonde ; ces hommes au passions énergiques, ces vieillards aux traits en-
durcis, qui se montrent dans les dessins du maître, aussi bien que sur ses
tableaux.

On a quatre ou cinq anciennes estampes anonymes de la Cène, que Zani
a décrites avec amour, pour leur antiquité plus encore que pour leur mérite,
bien qu'il les dise bonnes pour le temps. Mariette, qui en a connu une et
en a parlé dans une excellente lettre au comte de Caylus [2], la trouve mal
dessinée et plus mal gravée, mais rendant bien la manière de Léonard.
Bartsch, qui en donne trois, les dit aussi mal gravées, quoique l'une soit
dans le goût de Nicoletto de Modène. Telles quelles, et malgré le peu
d'agrément de leur exécution, un dilettante les regardera avec plus de
satisfaction, à cause de leur empreinte native, que la gravure de Soutman
ou celle de Morghen.

Ottley, parcourant dans la collection de la reine d'Angleterre, un inap-
préciable volume de dessins de Léonard [3], trouvant, au milieu de feuilles
d'études de chevaux, deux estampes, ou peut-être deux morceaux d'une
même estampe qui représentait des têtes de chevaux, gravées dans le même

---

(1) *Manuel de l'amateur d'estampes;* 1850, in-8°, t. I, p. 93.
(2) Bottari ; *Raccotta di lettere Sulla pittura ;* Roma, 1754, 7 vol. in-4°. La lettre de Mariette
n'est traduite qu'en partie dans le *Recueil* de Jay, Paris, 1817, in-8°.
(3) Il a été décrit par le Dr Rigollot dans un excellent opuscule : *Catalogue de l'œuvre de
Léonard de Vinci;* Paris, Dumoulin, 1849, in-8°.

goût et la même manière que les dessins, fut amené à penser que Léonard avait pratiqué occasionnellement la gravure [1]. Ces morceaux, décrits peut-être par Bartsch [2], étaient attribués par lui à Jean Antoine de Brescia. Il y a d'autres études d'animaux, dans le même goût, qui ont été attribuées à Zoan Andrea.

Zani est aussi fort tenté d'ajouter la gravure en bois, au nombre prodigieux d'arts que pratiqua Léonard. Lisant dans une lettre du Frate Pacioli, à propos de son livre *De divina proportione*, que les figures en étaient de Léonard : *Schemata Vincii nostri Leonardi manibus scalpta;* il croit avec Tiraboschi, que le mot *scalpta* doit être entendu en ce sens que Léonard mit la main à la gravure des figures du livre de Pacioli, bien qu'elles fussent de peu d'importance, en exécutant lui-même, au moins quelques parties les plus essentielles. Mais tous ces essais, plus ou moins douteux, ne peuvent intéresser que les curieux.

Une attribution récente classerait aussi parmi les graveurs, le meilleur élève de Léonard, CESARE DA SESTO, le Milanais. Selon M. Passavant [3], il serait l'auteur d'une estampe de la *Décollation de saint Jean-Baptiste* et de deux autres morceaux moins importants : un *Daim couché sur un tertre entouré d'eau;* un *Cerf broutant sur un tertre.*

La *Décollation de saint Jean-Baptiste,* sans répondre à ce qu'on attendrait du peintre qui s'approcha le plus, dit-on, de la manière de Léonard, a un certain intérêt. Les figures sont correctement dessinées, bien que d'un type petit; les contours forts, les tailles moelleuses et grignotées dans le goût de l'École padouane; les terrains traités minutieusement et parsemés de fleurs délicates.

Je ne suis pas en mesure d'appuyer autrement l'attribution que l'honorable directeur du Musée de Francfort aura faite, sans doute, sur de bonnes autorités. Je ne connais, d'ailleurs, de Cesare da Sesto, qu'une belle tête de Christ, au Musée de Montpellier, et des estampes de Mantelli, d'après

---

(1) *History of Engraving;* pag. 473.

(2) *Le Peintre graveur;* XIII, pag. 331.

(3) L'attribution est mentionnée dans un volume du Cabinet des estampes.

ses dessins, qui représentent précisément la décollation de saint Jean-Baptiste, dans de grandes figures à mi-corps, ne pouvant servir de comparaison. Mais j'ajouterai que Zani, qui a connu l'estampe de la décollation, l'attribue à Robetta ; et que d'autres y ont trouvé de l'analogie avec les pièces du maître inconnu au double P lié. Que de reconnaissances il reste à faire parmi ces anonymes! La plus heureuse serait celle qui découvrirait quelque graveur sorti de l'Académie de Léonard, à Milan, et rapproché de la cour de Louis-le-Maure, si hospitalière aux artistes.

> Qui come l'ape al mel vienne ogni dotto
> Di virtuosi ha la sua corta piena
> Da Fiorenza un appello ha qui condotto [1].

VI

Les graveurs de Modène, Bologne, Rome.

1. La Romagne eut aussi plusieurs graveurs qui, bien que moins anciens et moins remarquables, ont leur part de mérite et ne doivent pas être confondus avec ceux qui travaillèrent à Florence, dans la Lombardie et à Venise.

NICOLETTO ROSEX DE MODENA, *Nicoletus Rosex mutinentis*, le maître au vase et aux branches de rosier, peintre, architecte et orfèvre, pratiqua la gravure de 1480 à 1515, et pendant une partie de ce temps, à Rome, comme l'indiquent quelques-unes de ses estampes. Sa manière très-variée se rapproche quelquefois des florentins par le dessin, d'autres fois des padouans par la mollesse du burin. On s'assure aussi par plusieurs de ses ouvrages, qu'il connut et copia les graveurs allemands, Martin Schoen et même Albert Durer. A la faveur de cette indécision, l'œuvre de Nicoletto déjà nombreuse, a été augmentée de pièces qui ne lui appartiennent pas; le long espace de temps pendant lequel il a travaillé, la diversité bizarre de lettres dont il s'est plu à marquer ses estampes se prêtaient encore

---

(1) Bellincione, cité par Ottley ; *The italian school of design*; 1823, in-folio.

à ces adjonctions. Bartsch, qui n'a pas connu toutes celles qui portent son nom, a pu lui en attribuer plusieurs dont le style et l'antiquité le jetaient dans l'embarras; c'est ainsi qu'il a postdaté plusieurs ouvrages des premiers graveurs florentins dont nous avons déjà parlé; mais, dans son œuvre à lui, dans les pièces qui portent le mieux sa manière, on remarque un dessin habile arrêté sans sécheresse, un burin court, gras et quelquefois très-fin.

La pièce capitale de Nicoletto est l'*Adoration des bergers*|, disposée dans un riche portique d'architecture ruiné; l'ordonnance en est belle, l'expression religieuse et la facture déjà très-habile. Je parle ici de l'estampe qui porte son nom et non d'une autre que Bartsch lui donne, sans doute à cause du motif d'architecture qui en fait le fond, motif affectionné par le maître; celle-ci est d'un travail différent et plus ancien. Ses *Vierges* trônant dans de beaux portiques, ont une beauté naïve et grave, une attitude noble et quelquefois une parure très-recherchée. Son *Christ* est simple, sérieux et expressif; il entoure ces divins personnages de Saints au geste calme, à la tournure svelte, aux armures curieuses; de Saintes à la figure élevée, aux formes grandes, aux draperies amples.

Zani, qui faisait grand cas de ce graveur, et qui relève vivement l'appréciation ignorante qu'en ont faite Gori et Basan, loue particulièrement *David vainqueur de Goliath*, sujet qu'il a traité dans deux estampes différentes, l'une *molto bella*, l'autre *bellissima*, les deux degrés suprêmes d'estime du fin connaisseur [1].

Nicoletto a moins réussi dans les compositions mythologiques et les figures nues, l'incertitude du type y est extrême. Les plus fines, *Pallas, Leda*, qui portent sa signature, ont l'élégance et l'expression des figures les plus avancées de la Renaissance; la *Fortune* présente les formes ressenties des allemands; d'autres, *Vénus, Cérès*, d'un travail de burin plus large et plus négligé, sont des études faites sur la nature, avec des formes plus réelles que belles. Il a fait de plus des études de figures héroï-

---

(1) *Enciclopedia*, P. II, tom. III, pag. 298.

ques grassement burinées et bien réussies, comme modèles d'attitudes grandes et de belles draperies.

L'architecture, les ornements et les accessoires tiennent ordinairement une grande place dans les compositions de ce maître, et sont gravés avec plus de détail et dans des tons plus forts que les figures, par suite encore, je pense, des habitudes des orfèvres. On y distingue une série de montants d'arabesques et de chimères, un peu bruts de formes, mais variés et spirituels. Plusieurs de ces montants se retrouvent dans l'œuvre de Zoan Andrea et de Jean de Brescia. Nicoletto paraît ici plutôt l'inventeur; mais les uns et les autres suivent le plus souvent dans ce genre d'ornements le goût de leur maître à tous, Mantegna.

2. GIOVANNI BATTISTA DEL PORTO, le *Maître à l'oiseau et aux lettres IB*. C'est sur la juste confiance due aux assertions de Zani, qu'on a appliqué ces initiales et cet emblême, à un graveur mentionné après Nicoletto, par un historien des artistes de Modène. Mais les preuves de cette attribution sont restées parmi les nombreux documents inédits qu'a dû laisser cet excellent iconophile.

Le Maître à l'oiseau était donc de Modène, mais on voit à plusieurs de ses estampes, qu'il travailla à Rome avant que Marc Antoine y fût venu. Il grava des monstruosités qui excitèrent la curiosité des romains, en 1503, et les plaça dans un joli fond de paysage, mieux rendues que ne le sont d'ordinaire les images de ce genre. Son style de gravure n'est pas sans analogie avec celui de Nicoletto; il participa comme lui des tendances éclectiques qui ont toujours été l'apanage de Rome [1], où les artistes de toutes les Écoles se sont de bonne heure rassemblés de toutes les parties de l'Italie; mais il a bien moins d'habileté dans le dessin et encore moins de distinction dans le style.

---

(1) La gravure ne paraît pas très-cultivée à Rome, sous Innocent VIII; ce pape avait fait venir Mantegna, mais le peintre ne resta que deux ans et n'y fit certainement pas d'élève dans la gravure. Nicolo, son orfèvre en titre, qu'on a supposé avoir été le maître de Mantegna, n'est point cité comme graveur.

Son œuvre très-bornée ne prête pas à de longues considérations ; je citerai seulement, parmi les pièces qui n'ont été connues ni de Bartsch ni d'Ottley, *Saint Georges* délivrant du monstre la fille du roi de Lybie, pièce assez analogue aux gravures de Nicoletto, et la *Ville de Rome*, figure de femme armée, le sein et les genoux nus, assise dans un portique au milieu de trophées, qui n'est pas sans quelque grandeur, mais qui est gravée d'un travail sec et inégal. Giam-Battista Porto, payen déterminé, a fait beaucoup de nudités et pourtant sa manière maigre y convenait peu, *Léda, Europe, Lotis*, ont des formes plus accentuées qu'agréables. Les extrémités cependant sont assez bonnes. Vénus, dans l'estampe du *Triton*, est la figure la plus correcte et la plus distinguée.

Il a de plus gravé en bois, ou du moins fourni des dessins à des graveurs en bois inconnus. Le travail de ces estampes est fort inégal, comme dans tous les bois taillés souvent par des mains différentes ; on y remarque des traits durs, profonds et courts, qui rappellent plutôt les pièces de Mantegna que les bois allemands. Sa manière dans ce genre atteint son plus haut degré de distinction, dans une pièce qui n'est point donnée par Ottley : les *Grâces*, avec cette légende :

XARI   TER GEMINAS ALMÆ COMITES VENERARE DIONES

ΤΕΣ.   SIC INERIT REDUS GRATIA MULTA TUIS.

Elles ont des formes longues et élégantes, très-bien rendues par une taille moelleuse.

3. Le maître de l'ancienne École de Bologne FRANCESCO FRANCIA, qui, dans le style sublime de ses tableaux participa des peintres de Venise, et de l'Ombrie, de Bellini et de Perugin, était aussi orfèvre, et avait comme tel pratiqué la gravure. On lui attribue quatre pièces dans le genre des nielles, où l'on retrouve, en effet, toute sa distinction ; mais de son école sortit un graveur plus déterminé, IULIO FRANCIA, son parent, de qui nous sont parvenues un certain nombre d'estampes marquées I F [1].

---

(1) Francia eut aussi un fils, Giacomo Francia, à qui ces estampes ont été attribuées, mais par la date probable, 1500 environ, comme par les initiales I F, elles paraissent convenir mieux

Ce Francia, excellent dessinateur, buriniste habile, quoique libre et peu travaillé, a été fort justement assimilé par Zani à Marc Antoine dans sa première manière; celui-ci fut aussi, comme on sait, élève de Francia. Certaines gravures de l'un ont pu même être attribuées à l'autre, cependant Francia est un graveur moins fin et moins sûr.

La *Sainte portant l'image de la Madone au milieu d'autres Saints,* est d'un dessin sage et correct, d'une expression placide. Le type en est épais, mais d'ailleurs empreint de pureté. Elle est faite d'un burin solide, délié, quoique encore un peu dur dans le contour des figures. L'*Enfant Jésus dormant sur la croix,* est une composition pleine de style, de simplicité et de sentiment.

Vénus debout sur un îlot tenant une équerre et une pomme que l'Amour veut atteindre, est une étude de femme vraie, aux formes très-accentuées, mais qui ne manque ni de grandeur ni de noblesse. *Cléopâtre,* nue, debout au coin d'un bois, tenant deux serpents, dont l'un lui pique le sein tandis que l'autre est saisi par l'Amour, est encore une étude naturelle et belle, avec des formes solides et dans un type grand et élevé. Le burin plus fort et plus carré dans la Vénus, plus souple et plus négligé dans la Cléopâtre, rend d'ailleurs toujours bien la distinction du dessin.

4. Bartsch a placé parmi les vieux maîtres italiens à monogrammes le MAITRE A LA RATIÈRE, NA DAT, en regardant ces mots comme formant avec la ratière un rébus difficile à deviner; et pour y aider il ajoute que le nom du graveur est désigné, sans doute, dans une inscription manuscrite ancienne, qui se trouve sur une estampe conservée au Cabinet de Vienne, *Deux armées en bataille,* au dos de laquelle on lit : ROTA DE RAVENA, 1502. Ottley a découvert l'erreur de l'iconographe de Vienne, et montré que l'inscription s'appliquait, non à l'auteur Rota, ou Rato, mais au sujet de

---

à Iulio. Au reste, Iulio et Giacomo ont peint quelquefois de compagnie. Zani cite un tableau signé de tous deux : *J. J. Francia aurif. bonon. fecer. 1525. (Enciclop.,* I, 16, pag. 273.) Ils ont bien pu graver ensemble ou sous le même monogramme. Ottley en décrit huit sous le nom de Jacomo Francia; Brulliot en cite trois de plus, mais les attributions ne sont pas bien sûres.

l'estampe représentant, non la bataille de Charles-le-Hardi, ou celle de Fornoue en 1495, mais la déroute de Ravenne en 1512, dans laquelle fut tué Gaston de Foix. Il faut donc nous contenter du nom qu'il s'est donné, NADAT, en l'interprétant, comme Zani, par Natalis Datus, bien que nous n'en sachions pas plus sur cet artiste. Les rares estampes que nous avons de lui, eurent pourtant quelque succès, copiées par un graveur connu et rééditées par un marchand en crédit.

La *Vierge tenant l'Enfant Jésus, assise à côté de sainte Anne dans une niche*, et les *Deux armées en bataille*, existent en trois états, les derniers retouchés avec la date de 1530 et l'adresse de Salamanca. La seconde estampe fut copiée par Augustin Venitien, en 1518 ; mais Bartsch remarque qu'elles sont toutes deux, dans leur premier état de gravure, fort antérieures à ces dates.

Ottley a décrit de plus les *Enfants monstrueux*, DUO GEMINI IN TRAPEZONTHA, deux enfants réunis par le dos, à quatre pattes, dans un paysage avec une vue de mer. Des monstruosités du même genre furent gravées à Rome, en 1503, comme nous l'avons vu par une gravure analogue du Maître à l'oiseau ; c'est vers ce temps que le Maître à la ratière travaillait à Rome. Il se trouve noté aux tables de Zani comme allemand, mais c'est sans doute une erreur typographique : la seule raison qui aurait pu, à l'insu des pièces, tromper sur l'origine de ce maître, c'est le rébus qu'il a adopté. Ces bizarreries appartiennent originairement à l'Allemagne ; les italiens signaient ordinairement en lettres tout ou partie de leur nom, mais à la fin du siècle où nous sommes arrivés, plus d'une exportation allemande avait dû les frapper, et s'ils ne prirent pas le style tudesque, ils purent du moins emprunter quelque usage singulier. J'en ai déjà cité plusieurs exemples.

5. Je clorai ma revue des graveurs italiens, par un maître qui ne nous est connu que par les initiales H H E F. Bartsch l'a placé parmi les graveurs du temps de Marc Antoine. Il décrit de lui cinq pièces, sans adopter l'attribution qui en était communément faite, au moins pour l'invention, à Micarino Beccafumi. Mais Zani, en repoussant aussi cette attribution faite d'abord par Heinecken, a reconnu que les estampes de cet anonyme,

quand on les voyait en premier état, étaient d'une gravure fine et vapo-
reuse, dans le goût des anciennes Écoles.

L'*Adoration des bergers*, et *Jésus disputant au milieu des docteurs*,
sont en effet de belles compositions, pleines de figures d'une grande expression, bien que dessinées librement, et gravées d'un burin moelleux,
coloré et pittoresque.

Les *Quatre Bacchants*, se vautrant auprès d'une cuve, devant un riche
massif d'architecture ruinée, font aussi une pièce pleine de style dans sa
hardiesse, et d'un burin habile.

La vigueur de son dessin pourrait rattacher notre anonyme à l'École
florentine, tandis que la gravure le rapprocherait davantage de l'École
vénitienne. Le marquis Malaspina de Sannazaro, qui appuyait l'attribution
à Beccafumi du dessin de ces estampes, à cause de son caractère énergique
et tout-à-fait michel-angesque, décrit une autre pièce que n'a pas connue
Bartsch, un *Stregozzo*, différent par la composition de celui de Marc
Antoine [1].

VII.

Les graveurs sur bois des incunables, en Italie.

1. La gravure en relief, fort éclipsée en Italie par la gravure au burin,
y prit pourtant son essor à la fin du XVe siècle, avec une distinction assez
proportionnée au génie de ses Écoles. La pratique des livres à planches
de bois y fut importée d'Allemagne, et il eût été logique de ne mentionner
les graveurs en bois italiens qu'après les graveurs allemands, s'il ne
m'eût paru opportun de ne point séparer ici les artistes des Écoles italiennes du XVe siècle. D'ailleurs, les imprimeurs italiens, de bonne heure
célèbres par le soin apporté à leurs livres, nationalisèrent immédiatement

---

(1) *Catalogo di una raccolta di stampe antiche*; Milano, 5 vol. 8°, 1824, tom. II, pag. 49.

les figures sur bois, en confiant le dessin, et sans doute, bientôt aussi la taille de leurs planches, à des artistes italiens. Leurs plus anciennes gravures, faites de traits gros et sans autre indication d'ombre que quelques hachures courtes et espacées, ont pourtant une adresse de composition, une noblesse de dessin et une souplesse dans les draperies, qui les distinguent facilement des bois allemands.

Les Méditations de Torquemada, imprimées à Rome en 1467, par un allemand [1], passent pour le plus ancien livre à planches de bois qu'ait produit l'Italie.

Ulric Hahn, en latin *Gallus*, un des premiers imprimeurs établis à Rome, le premier, selon Tiraboschi, qui ajouta des figures en bois aux livres italiens, était d'Ingolstadt, en Franconie, et citoyen de Vienne. Je n'ai pas vu son livre dont on ne connaît, au moins pour les premières éditions, que trois exemplaires [2]; mais selon Zani, dont le témoignage mérite toute confiance, les planches des Méditations, au nombre de trente-quatre, ont été inventées et dessinées par un des bons maîtres du temps, italien sans aucun doute. La gravure aussi est d'un italien, les figures sont toutes agréables, quelques-unes véritablement belles, eu égard à l'époque.

2. Les livres à figures sur bois ne paraissent pas s'être multipliés en Italie autant qu'en Allemagne; cependant les dernières années du XVe siècle en virent publier un certain nombre, les plus remarquables à Venise et à Florence, chez les Giunta, les Alde Manuce, et d'autres imprimeurs moins célèbres. La description iconologique de tous ces livres n'est pas faite et je ne suis point à même de l'entreprendre, il suffit ici de signaler quelques divisions capitales.

Les bois dessinés et gravés à Florence m'ont paru différer des bois de

---

(1) *Meditationes rev. pat. dom. Johannis de Turrecremata, posite et depicte de ipsius mandato in ecclesia ambitu S. Marie de Minerva*, avec ce curieux colophon : *Finite sunt..... non atramento plumali calamo, neque stilo ereo, sed artificiosa quadam adinventione imprimendi seu caracterisandi sic effigiatum per ulricum han, anno dni 1467*. Dans l'édition de 1473, la seule connue de Zani, l'imprimeur qui se nomme *Udalricus Gallus Alemanus*, paraît associé avec un italien, *Simon de Luca*.

(2) Dibdin a décrit l'exemplaire de lord Spencer, dans son *Decameron*.

Venise, dans la même mesure que les gravures au burin des deux Écoles. Les premiers se distinguent par la sobriété forte et mesurée qui appartient au dessin et à la gravure de Baldini, les seconds restent empreints de la gràcilité accentuée qui distingue Mantegna ; tout compte tenu d'ailleurs de la façon grossoyée des bois primitifs, toujours plus imagière que pittoresque. Je regrette de n'avoir à citer maintenant que des exemples isolés de la manière des bois de Florence.

Le livre des *Laude di frate Jacopone de Todi*, imprimé à Florence en 1490, par Francesco Bonacorsi, est orné d'une estampe de bois représentant le *Frère mineur agenouillé devant la Vierge, portée dans une gloire par des Anges.* Les traits en sont d'une sobriété aussi gracieuse que correcte.

On peut rapporter je crois à la même manière, les planches qui décorent un livre de sainte Catherine de Sienne : *Dialogo de la divina providentia,* imprimé à Venise en 1483, aux frais de Luca Antonia de Zonta, florentin [1], *Sainte Catherine sur un trône distribuant son livre à deux femmes en prière,* et *Sainte Catherine agenouillée devant l'autel de la Vierge.* Faites d'un trait à peine renforcé de quelques ombres dans les fonds, ces gravures ont une adresse et une grâce de dessin tout à fait remarquables ; la simplicité des gestes, la naïveté de l'expression y rappellent le style pur et distingué de l'ancienne École florentine. Elles n'ont pas de marque, mais le livre même porte les initiales de Luc Antonio, L A, placées au bas d'une fleur de lys à étamines. J'ai déjà parlé de cet imprimeur qui pourrait être considéré comme le graveur à qui Heinecken appliquait les initiales L A F et le nom de Luca Fiorentino.

3. Des presses de Venise, cependant, sortirent les gravures sur bois les plus nombreuses et les plus connues, entre lesquelles on a signalé deux livres principaux : la *Bible de Mallermi* et l'*Hypnérotomachie de Poliphile.*

La BIBLE DE MALLERMI [2] contient dans ses premières éditions des plan-

---

(1) C'est selon Brunet, le plus ancien livre imprimé aux frais de Luc. Ant. de Zunta.
(2) *Biblia volgare historiata per Nicolo de Mallermi. Stampata in Venetia per Giovanni Ragazo*

ches de bois dessinées, suivant Zani, d'une main *maestra*. Chaque vignette
a un fond de paysage, avec vue de ville ou de château; quand les figures
sont placées dans l'intérieur d'une salle, le maître montre beaucoup
d'intelligence dans l'architecture et dans la perspective. Le graveur a
suivi le dessin avec beaucoup de précision et a exécuté les figures avec
brio. On doit citer surtout, pour l'esprit avec lequel elles sont taillées, les
vignettes de *Saül recevant de Samuel l'onction royale* et des *Prophètes*.
Plusieurs autres vignettes portent des marques diverses : la lettre semi-
gothique ƀ quelquefois interponctuée, et les trois lettres I B V ou I ƀ ʋ
qui ont été diversement interprétées. Nous allons les retrouver dans un
livre plus célèbre.

L'Hypnerotomachie de Poliphile [1] contient des estampes gravées en
un contour simple, quelquefois seulement renforcé de petits traits ; elles
sont, suivant Zani, dessinées dans le même goût que celles de la Bible de
Mallermi ; ce dessin révèle clairement un maître de l'École de Venise.

J'ajouterai à cette remarque un peu brève, que les traits de ces gravures
m'ont paru fermes, délicats et pittoresques ; les figures sont correctes et
gracieuses, bien que leurs formes soient courtes, trop accentuées, prises
dans la manière de Mantegna qui ne recherche pas l'agrément, moins
heureuses dans les nus toujours très-accusés, que dans les draperies, et
replètes comme il convient à des formes vénitiennes. La manière de
Mantegna apparaît surtout dans les chevelures bouclées, la carrure du
menton, l'entournure des jambes. Les ornements parsemés dans le livre,
sont toujours pleins de goût et de légèreté, et la composition totale est
aussi pittoresque que le comportait la bizarrerie du sujet.

On trouve plusieurs vignettes de l'Hypnérotomachie, marqueés du ƀ
gothique interponctué que nous avons déjà remarqué dans les vignettes de

---

ad instantia di Lucantonio di Giunta fior; MCCCCLXXXX, avec la marque de Lucantonio. Elle fu-
réimprimée en 1494, 1498, 1502, etc., avec les mêmes vignettes, sauf des additions et des changements dans les dernières éditions.

(1) *Hypnerotomachia ubi humana omnia non nisi Somnium esse docet*, etc.; *Venetiis* M I D, *in
œdibus Aldi Manutii, in-folio.*

la Bible de Mallermi, et cette marque rapprochée des autres a été rapportée à Giovanni Bellino Veneto, et à Benedetto Montagna. Zani tranche
la question en faveur de GIOVANNI BONCONSIGLIO VICENTINO, surnommé *il
marescalco*, bon peintre qui travaillait en 1497, qui est cité avec Fogolino
pour son talent dans la perspective et les dessins d'architecture, et pour la
grande part qu'il prit aux planches de bois dont furent ornés les livres de
ce temps. On cite en effet plusieurs livres, publiés à la fin du XVe siècle
et au commencement du XVIe, principalement à Venise, où se rencontre
la marque attribuée à Bonconsiglio. L'iconographe de Parme décrit une estampe sur bois , marquée d'un 𝖇 semi-gothique , représentant *Jaël tuant
Sisara*, dont il attribue la composition au même maître.

4. Dibdin a constaté que les gravures de l'édition de *La Comedia di Dante
in Vinegia* 1491, portent la même signature et sont de la même main que
celles de l'Hypnérotomachie. Ottley, qui soutenait l'attribution de ces gravures et de cette marque à Benedetto Montagna, s'appuyait principalement
sur la ressemblance qu'elles présentent avec les planches d'une édition des
Métamorphoses d'Ovide, imprimée à Venise en 1509, qui elles-mêmes ont
e plus grand rapport de dessin et de composition , avec des gravures bien
connues de Montagna.

Je dois dire que les gravures de l'Ovide, que j'ai pu voir chez M. Camberlyn à Bruxelles, m'ont paru fort inférieures à celles de l'Hypnérotomachie. Elles portent d'ailleurs une autre marque, les lettres gothiques **t ɑ**,
qui se rencontrent aussi sur plusieurs autres gravures sur bois, du même
temps ou postérieures. Zani les attribuait toutes comme je l'ai déjà dit , à
Zoan Andrea ; dans l'opinion d'Ottley ces lettres s'appliquent non au
dessinateur mais au tailleur du bois, et appartiennent à un *Giovanni Andrea Vavassori detto Vadagnino* , dont le nom en toutes lettres se lit sur
plusieurs suites d'estampes en bois, du commencement du XVIe siècle.

J'ai vu, en effet, plusieurs planches de ce graveur sur bois, entre autres La *Vie et les travaux d'Hercule;* mais elles sont du travail le plus pauvre
et de l'expression la plus grossière. Il y a bien encore une certaine habileté de composition qui dénote le pays où travaillait Jean André Vavasseur
et le dessin italien d'après lequel il gravait; mais il est impossible d'admet-

tre que sa main lourde et maladroite ait pu graver, comme nous les avons,
les bois de la Bible de Mallermi, de l'Hypnérotomachie et tant d'autres
bonnes planches marquées **b** et **t s** ou anonymes, dans les livres de la
fin du XV⁰ siècle. Quoi qu'il en soit, la gravure en bois ne se soutint pas
longtemps avec la distinction que nous avons remarquée : ses productions en se multipliant dans des éditions de libraires négligents, tombèrent
dans le métier, jusqu'au moment où dégagée des livres, elle put au service
d'une autre école suivre des errements nouveaux.

VIII.

Les anciens graveurs allemands.

1. L'Allemagne, qui a longtemps disputé à l'Italie la priorité dans la
pratique de la gravure au burin, ne peut plus maintenant, depuis la découverte de la paix de Florence, présenter de graveur travaillant authentiquement avant Maso Finiguerra; mais elle produit, quelques années
après la découverte de l'imprimerie, un nombre considérable d'estampes,
parmi lesquelles la critique peut retrouver les titres les plus anciens et les
plus honorables. C'est par l'étude des estampes anonymes, dit fort bien
M. de Laborde, qu'on arrivera à retrouver l'origine de la gravure en
creux, à en suivre la marche progressive et rationnelle [1]. Je n'ai pas la
prétention de chercher ici cette origine et d'écrire cette histoire qui demande des descriptions autrement précises que celles de Bartsch, et qui
serait faite ou facile à faire si Zani avait pu achever son *Encyclopédie*,
mais je dois regarder à ces anonymes, si difficiles à aborder, ne serait-
ce que pour marquer les desiderata de ce travail.

Zani, considérant les anciens anonymes allemands, y voyait deux ou

---

(1) *Débuts de l'imprimerie à Mayence*, pag. 27.

trois maîtres qui se faisaient distinguer par la conduite du burin, par les extrémités des figures, les pieds nus ou les chaussures en pointe, par les habits et les coussins brodés, par les arbres, les ciels, les terrains et les autres accessoires. Il en a désigné un en particulier sous le titre de *l'Anonimo alle carni pennute*, c'est-à-dire couvertes de traits à pointe de plume qui paraissent comme autant de petites ailes [1].

Parmi les pièces remarquables qu'il décrit de ce maître, je citerai la *Chute de Lucifer et des Anges rebelles*, la *Nativité*, sujet répété trois fois avec des différences, *Adam et Ève réprouvés de Dieu après leur péché*, le *Christ de douleur*, *Samson trouvant dans la gueule du lion qu'il a tué un essaim d'abeilles et un rayon de miel*, sujet répété deux fois; *Samson livré par Dalila*, le *Jugement de Salomon* [2]. Celles de ces pièces que Bartsch a connues, sont attribuées par lui au Maître de 1466. Zani les distingue à ce signe que les chairs de quelques figures, principalement des Anges, ou certaines parties des vêtements, sont comme marquées de courtes plumes d'oiseau. Mais il a renvoyé, pour parler explicitement du graveur, à des parties de son livre qui n'ont point été publiées.

Parmi ces vieux anonymes, M. Duchesne a, de son côté, distingué un certain nombre de pièces comme appartenant à un maître allemand très-ancien, qui n'avait mis ni marque ni année dans ses gravures, dont le dessin était des plus gothiques, la gravure fine et serrée, et qui pouvait surtout être reconnu à l'usage fréquent des banderolles à inscriptions gothiques. Il l'appelle pour cela le *Maître aux banderolles* [3]. Cette détermination est encore vague; l'emploi des phylactères est fréquent dans les plus anciennes estampes. D'un autre côté, il paraît que parmi les pièces attribuées par M. Duchesne à son maître aux banderolles, il en est que Zani donnait à son maître aux chairs emplumées; sans affirmer que ces

---

(1) *Enciclopedia*; P. II, tom. II, pag. 174.

(2) Sur le bois du trône du roi juif sont trois écussons; le premier porte trois fasces, le deuxième trois fleurs de lys, le troisième un lion seul. Zani remarque le grand coussin brodé du trône, les manches et le turban de deux assistants travaillés en plumes d'oiseau.

(3) *Voyage d'un iconophile*; 1834, in-8, pag. 188, 222 et 377, où sont énumérées onze estampes du maître : au Cabinet de Dresde ; à Berlin, coll. Nagler, et en Angleterre, coll. Stowe.

deux graveurs n'en font qu'un, on peut croire sur des témoignages aussi compétents, qu'il y a là du moins un graveur différent du Maître de 1466, son contemporain, s'il n'est pas son prédécesseur, comme bien des signes pourraient le faire croire. Ce que j'ai vu dans les pièces de ce genre, c'est une manière de graver plus rudimentaire que celle des maîtres connus, et non fixée dans son procédé entre les hachures, le pointillé et la teinte plate; les planches dans lesquelles ne se révèlent clairement ni le cuivre ni le burin, semblent plutôt tirées au frottis qu'à la presse. Les figures sont d'un contour dur, quelque peu ombrées, mais non détachées du fond; les têtes sont d'une naïveté inexpressive, les membres raides; enfin, de petits compartiments paraissent ménagés d'une manière régulière dans les cheveux et dans certaines parties des vêtements.

Cette manière se remarque surtout dans une estampe que M. Duchesne a placée en tête de l'œuvre du Maître aux banderolles, dans un volume du Cabinet des estampes, et que je ne trouve décrite nulle part : *Gédéon à genoux devant l'Ange* et *Moïse se déchaussant devant le Seigneur*, avec ces inscriptions : DOMS TECV VRM FORTISSIME. JUD. VII.
SOLVI CALCIAMENTVM DE PEDIBVS TVIS.
On sait que dans l'iconographie du moyen-âge, la toison de Gédéon, imbibée de rosée sur la terre sèche, puis sèche sur la terre imbibée de rosée, et le buisson brûlant devant Moïse sans se consumer, étaient des emblèmes de la virginité de Marie. Ce fut le sujet de plusieurs peintures, de miniatures et de vignettes gothiques. Jean van Eyck en avait fait un tableau. Dans notre estampe, Moïse a les cheveux en arrière, la barbe bifide et le front cornu. Gédéon est revêtu d'une armure à boucles nombreuses et d'un casque à visière. Les végétaux semés sur le terrain sont faits d'une manière systématique et différente de celle du Maître de 1466. Toute la scène est encadrée de colonnettes ogivales, comme dans les gravures xylographiques.

J'ai cru retrouver le même travail dans une estampe de la collection de M. Camberlyn, à Bruxelles, représentant un *Saint George* bardé et armé comme le Saint George du rétable de Dijon, perçant le dragon de sa lance à travers le cou, avec une inscription latine manuscrite dans la marge inférieure. Elle est faite d'une manière élémentaire et parcimonieuse,

mais tintée ; le burin ou l'instrument , quel qu'il soit , dont le graveur
s'est servi , est fort inexpérimenté ; la planche baveuse est mal venue par
parties. Bien que la pièce soit encadrée , on n'y voit pas de témoins du
métal de la planche , et il est à croire qu'elle n'a pas été tirée à la presse.
Le fond restant blanc , la figure est chargée de travaux , et porte dans
certaines parties des vêtements des gaufrures ménagées eu blanc.

J'ai hâte d'arriver à une manière un peu mieux fixée.

2. En l'an 1466, la gravure est exercée en Allemagne avec une puissance et une fécondité qu'aucun autre pays ne possédait. Celui qui tient
alors le burin d'une main si ferme n'est connu que par les initiales **e s**
et par les dates 1466 et 1467 marquées sur ses estampes ; elles forment
une œuvre si pleine de verve et d'originalité , qu'on ne saurait trop
regretter que les recherches à propos de ce nom n'aient pas été plus
heureuses. On peut croire qu'il était peintre et orfèvre, on ne sait pas
même son pays ; Ottley le croit résidant à Bocholt ou aux environs , à
cause de l'affinité de ses ouvrages avec ceux des graveurs de cette ville,
Franz van Bocholt et Israël Mecken. M. Duchesne conjecture qu'il était
de Bavière , par la raison qu'il y a à Munich un tableau avec les mêmes
initiales ; son nom pourrait être Stern, parce qu'il a mis des étoiles aux
broderies de ses vêtements. Bartsch, à qui revient l'honneur d'avoir res-
titué ce maître, incline à le croire Suisse ; et pour cette opinion , il y a
du moins commencement de preuve : il a pris deux fois pour sujet de
gravure, la madone d'Einsidlen , bourg du canton de Schwitz, connu
par son abbaye de Bénédictins et par un pèlerinage célèbre dans toute la
Suisse. Ottley ne pense pas que la Suisse ait produit de graveur avant le
XVIe siècle ; nous serions amené alors à admettre que celui-ci naquit
dans quelque ville de la basse Allemagne, voisine du canton de Schwitz.

Quoi qu'il en soit, le MAÎTRE DE 1466 a un caractère tudesque et gothique très-prononcé ; il voyait la nature d'une façon bizarre et naïve
à la fois, spirituelle et grossière, comme les meilleurs artistes du XVe. Il
dessine avec plus de facilité que de correction, plus de précision que
d'adresse. Bartsch, qui décrit sa manière avec plus de soin qu'il n'a fait
pour aucun autre maître, trouve ses têtes trop grosses, les nez longs et

minces, les prunelles claires, les cheveux longs et serpentants. On le trouve défectueux surtout dans les extrémités ; il fait ses pieds comme des pattes de singe, larges et plats quand ils sont nus, et une fois chaussés, minces outre mesure et pointus à la mode du temps. Son travail de burin est délicat et d'une façon qui lui est propre, les ombres formées de traits fins extrêmement serrés, croisés de quelques autres mais jamais rectangulairement. Il employait aussi dans les draperies comme dans les nus, des points ou de petits coups allongés. Le tout est d'un effet puissant dans ses bonnes pièces. Dans les accessoires de la composition, le graveur rend précieusement les herbes et les fleurs de ses terrasses, mais pour s'élever à l'arbre, il se trouve en défaut et ne fait guère qu'un rameau à trois branches bifurquées uniformément, ou une éponge au bout d'une gaule. Dans les ornements au contraire, les rinceaux, les méandres, il est plein d'adresse et de fantaisie ; ce contraste n'a rien d'extraordinaire, car il se retrouve chez tous les artistes du moyen-âge.

La Vierge du Maître de 1466 a une figure ovoïde, de petits yeux écarquillés, une petite bouche, des cheveux retombant en boucles, la poitrine étroite et le corps entièrement dissimulé sous une robe d'étoffe épaisse et un manteau agraffé à l'épaule ; le bambin, charmant d'expression et de mouvement, a le crâne très-développé. Son Christ, humble et piteux, a la barbe courte, les cheveux longs et rares, les yeux petits, la figure en losange, le corps mince, les jambes trapézaïques. En dessinant la Sainte Face, l'artiste voulant faire le Dieu plus terrible, lui a donné un front sourcilleux, les cils rebroussés ; mais la figure, avec ses petits traits, est restée bonasse.

On comprend qu'un dessinateur aussi chrétien n'a pas dû réussir beaucoup dans les figures nues. Il n'a pas traité de sujets mythologiques ; l'Allemagne de son temps n'était encore atteinte d'aucune idée de renaissance, mais le diable n'y a rien perdu, et l'artiste ne s'est pas fait faute de nudités. Ses femmes, avec leurs yeux bridés, leur bouche pincée, leur corsage mince, leurs jambes arquées et maigres, leurs mains et leurs pieds aux doigts allongés, n'ont rien d'agréable que pour les fanatiques du gothique quand même. Il a mieux satisfait aux lois du goût dans la représentation des damoiseaux et damoiselles, qu'il traite avec toute la recherche de costumes

et toute l'affèterie d'attitude que pouvaient avoir les amoureux du temps
de Frédéric III. Personne, assurément, ne regardera sans plaisir cette estampe où trois couples amoureux, dans un jardin, passent le temps, l'un
jouant aux échecs, l'autre récitant des vers, le troisième enfilant des per-
les ; des tourterelles, un hibou, un papegai, perchent ou volent à l'entour.
Ailleurs, il s'est montré plus piquant encore et tout à fait bouffon ; les pha-
risiens et les bourreaux de sa *Passion* ont des mines, dont les Drôles et les
Bamboches des siècles suivants se souviennent encore. Dans son *Alphabet*,
suite grotesque composée avec une verve incroyable, les soldats, les moines, les fous, les nonnes et les filles se livrent à des ébats que l'on ne peut
décrire, et qui étonneraient fort ceux qui croient les temps qui ont précédé
la renaissance, confits en dévotion.

Je ne ferai pas de citation particulière des estampes du Maître de 1466,
rassemblées en grand nombre dans les plus beaux cabinets, à Paris, à Munich, à Vienne, à Londres, et décrites au nombre de 113, par Bartsch et
Ottley, qui ne les ont pas encore toutes vues. Cependant Zani estimait
que, parmi ces pièces, de travail inégal, il y en avait d'une autre main ;
mais il a toujours renvoyé d'en parler *ex professo*. La seule observation
que je recueille de cet esprit si sagace, dans la dernière note qu'il a probablement imprimée, c'est que le maître a dû travailler en Italie.

On vient, du moins, d'acquérir la preuve que ses planches avaient été
jusque-là, et voici le sort qu'elles eurent. La *Madone d'Einsidlen*, une des
plus belles [1] ; passa entre les mains d'un graveur italien inconnu, qui la
gratta et la repolit, pour y graver un guerrier appuyé sur sa masse d'armes,
Gverino dit Meschī, Guerin Mesquin, héros carlovingien d'un des
romans de chevalerie les plus célèbres du XVᵉ siècle. Toutefois, le trait
primitif de ce singulier palimpseste ne fut pas complétement effacé ; et la

---

(1) Il y en a deux différentes. Ottley a remarqué sur la plus petite un W surmonté d'une croix
dont on ne donne pas l'explication. Il aurait pu remarquer aussi, sur la plus grande, de petits
signes, des lettres singulières inscrites sur les pierres, des deux côtés de la tribune. Ces lettres
inexpliquées m'ont paru n'être que l'exacte imitation des lettres et marques de tâcherons, que
l'on trouve sur les pierres des constructions gothiques.

nouvelle estampe reproduisit encore, à côté du guerrier, une partie très-distincte des lignes d'architecture et des ornements qui forment le fond de l'estampe du maître allemand. C'est M. Passavant qui en a fait la découverte parmi les pièces anonymes du Cabinet de Paris où il l'a consignée par écrit. Elle n'est point des plus rares, et il serait bon de savoir si toutes les épreuves portent également la trace de cette surcharge. M. Duchesne l'a vue dans le cabinet de Nagler à Berlin, sans faire d'observation. Il l'attribuait à Jean Antoine de Brescia; M. Passavant, juge très-compétent, trouve qu'elle approche, pour le style, de l'école de Pérugin.

3. Martin Schongauer ou Schoen nommé le beau ou le bon Martin, *Hipsch Martin*, à cause de son excellence comme artiste, né à Colmar ville impériale, capitale de la haute Alsace, était un des grands peintres de son temps, 1475—1488. Ses peintures furent portées en Italie, en France, en Espagne; il était en correspondance avec Pérugin; Michel Ange encore l'admira, et dans sa jeunesse copia et coloria son estampe de saint Antoine; mais je n'ai point à dire ici quel il fut comme peintre [1]. Un écrivain spirituel, qui ne croit pas que son esprit le dispense des recherches d'érudition les plus patientes, signale, à l'occasion d'un manuscrit à miniatures, le point de départ d'une école sûre dans son exécution, exagérée dans ses poses, grimaçante dans ses expressions, de l'école que suivit Martin Schongauer et qui passa à sa suite en Allemagne, avec les productions de quelques graveurs en bois et en cuivre. M. de Laborde a peut-être fait ici le procès de l'ancienne École allemande tout entière. Est-il bien certain que, pour avoir échappé à l'imitation des peintres de Bruges, pour avoir obéi à sa nature plus exubérante, pour avoir suivi la voie qui mène du Maître de 1466 à Schongauer, et de celui-ci à Albert

---

(1) Selon un artiste flamand qui écrivait en 1565, Schongauer serait élève de Rogier de Bruges; Lambert Lombart écrit à Vasari : *In Germania si levo poi un bel Martino, tagliatore in rame il quale non abandono la maniera di Rogiero, suo maestro...... da questo bel Martino sono venuti tutti li famosi artifici in Germania, il primo quel absoluto amorevole Alberto Durero, discepolo di esso bel Martino, seguito la maniera del maestro accomodando assai piu al naturale. Gaye; Carteggio d'Artisti,* cité par M. de Laborde, *Les ducs de Bourgogne,* II, pag. LIV.

Durer, l'École allemande se soit fourvoyée? Pour moi qui ne vois il est
vrai que la gravure, le début humoriste des artistes allemands me trouve
plein de sympathie. J'ai bien vu, je crois, les défauts, ou comme on dit,
les grimaces du Maître de 1466; mais je ne voudrais pas lui en ôter une
seule, de crainte de n'avoir plus l'artiste singulier que je connais. Quant
à Martin Schongauer voici comment il grava.

Procédant du Maître de 1466 [1] il est plus fort dessinateur, plus cultivé,
moins original, moins varié; naïf et plein d'expression dans ses figures,
il est précieux et froid, bien que son burin soit plus délié, plus exercé,
et son travail plus ingénieux; il fait encore un peu, comme son prédécesseur, les têtes ovoïdes, les mains osseuses, les pieds de singe; il est
maigre de formes dans les parties nues; et ses draperies d'ailleurs habiles,
ont les plis cassés et compliqués. Ottley a très-justement loué le caractère
expressif de ses têtes : «La plupart de ses estampes, dit-il, sont des sujets
religieux et se distinguent par leur simplicité et leur dévotion; ses Anges
sont des êtres gracieux, habitants immaculés d'un meilleur monde; ses
madones et ses Saintes possèdent une virginité, une modestie et une
candeur, qui les rendent attrayantes bien qu'elles ne soient pas précisément
belles. » J'ajoute que toute cette pureté est obtenue sans beaucoup
d'idéal, et dans la mesure toujours très-réelle des artistes allemands et
flamands. Les deux Écoles étaient comme mêlées du temps de Schongauer,
qui est resté, sous ce rapport, l'imitateur des peintres de Bruges et leur
graveur le plus prochain. Il a gravé, croit-on, d'après Van Eyck.

La Vierge de Schongauer est jeune, blonde, les cheveux épars, ordinairement sans voile. Elle a de grands yeux baissés, la bouche petite, un
menton de galoche, les bras amincis, le corsage étroit, prolongé d'une
jupe à plis nombreux. Telle, elle se présente dans plusieurs estampes ingé-

---

(1) Sans qu'on sache s'il a été son élève, il a profité certainement de ses ouvrages; à voir même
plusieurs lettres de l'*Alphabet* marquées de son monogramme, on pourrait croire qu'il l'a copié
quelquefois; mais le monogramme de Schongauer, de bonne heure célèbre et demandé, a été
mis par les marchands sur bien des pièces qui ne sont pas de sa main. La preuve n'est donc pas
décisive.

nieusement composées : la *Nativité*, dans un arc ruiné couvert de plantes grimpantes ; la *Fuite en Égypte*, des Anges font incliner le palmier où saint Joseph cueille des dattes, que mangent la mère et l'enfant, pendant que l'âne broute un chardon, sans déranger un lézard qui grille au soleil.

Le *Christ*, dont le beau Martin avait rendu l'enfance avec plus de charme encore que son prédécesseur, en lui conservant des traits analogues, un front bombé et de grands yeux très ouverts, fut ensuite rendu par lui moins heureusement. Dans *Jésus descendant aux limbes*, *Jésus apparaissant à Madeleine en jardinier*, *Jésus couronnant la Vierge sur son trône céleste*, le Christ est long et sec, mais toujours remarquable par la pureté de son type : la tête jeune et fine, l'œil grand, la barbe rare, les cheveux séparés sur le front et retombant en mèches flottantes.

Le maître de Colmar a fait beaucoup de saintes femmes : les *Vierges sages* et les *Vierges folles*, *Sainte Agnès*, *Sainte Catherine*, etc. Ce sont toujours de petites alsaciennes, à la physionomie douce et calme, le front arrondi, le menton en pointe, la poitrine étroite ; les folles ne différant guère des sages par l'expression, plutôt affligées que rieuses, et distinguées seulement par leur tête sans couronne et leur lampe renversée. Une autre *Vierge folle*, étude de buste réelle, étudiée sur la nature, les cheveux pittoresquement enroulés, de grands yeux ovales, la bouche accentuée, le cou maigre, le corsage décolleté et les seins penchés, n'est pas sans analogie avec les Vierges de la parabole que les sculpteurs anonymes de Strasbourg sculptèrent sur les portails de leur cathédrale. Là, le dessinateur perd un peu de la candeur que lui reconnaissait Ottley. Il la garde toute entière en faisant des figures nues ; mais ici cette candeur a ses perfidies pour le graveur, qui accuse ce qu'il voit, des membres grêles, des poitrines et des flancs proéminents.

Qu'on veuille bien, cependant, ne pas comparer l'*Ève* du beau Martin, aux types classiques et aux académies consacrées, mais la voir comme l'artiste a pu et a voulu la faire, comme il a pu l'étudier sur les modèles à sa portée, et on y trouvera certainement une beauté nouvelle alors, qui dut profondément toucher les hommes du XV° siècle, aux yeux desquels la femme n'avait pas encore été rendue avec tant de bonheur, et qui nous ravit encore, nous autres, antiquaires de l'art.

Schongauer a gravé des pièces très-riches d'ornements gothiques et quelques sujets familiers, le *Départ pour le marché*, le *Meunier et son âne*, scènes rustiques pleines de vérité; il a fait peu de sujets mondains, mais il n'en est pas moins un interprète intelligent et vrai de la nature et de la société allemandes en 1477; c'est l'année du mariage de Marie de Bourgogne, héritière des provinces de Flandre, avec le fils de Frédéric III, Maximilien, à 18 ans, n'est point encore l'empereur puissant et savant consacré par l'histoire, le *Roi blanc* célébré par la gravure sur bois du XVIᵉ siècle, mais l'archiduc, le landgrave de la haute Alsace : « Les cheveux de son chef honorable sont à la mode germanique, dit le poète chroniqueur Molinet, aureins, reluisants, ornés curieusement et de décente longitude; son port est signoureux. » Marie, à 20 ans, est d'une beauté douce et sans éclat : « Jasoit ce que la damoiselle ne soit de si apparente monstre, toutefois, elle est propre, gracieuse, gente et mignonne, de doux maintien et de très-belle taille. » Ne les voit-on pas, ces jeunes et douces figures, reluire encore dans les estampes du beau Martin, et ne s'assure-t-on pas qu'il les avait vues maintes fois et portraitées, bien que son œuvre ne le témoigne pas, en reconnaissant son type dans tous les vieux portraits qui nous restent de Maximilien dans sa jeunesse et de Marie ?

4. Martin Schoen fit école dans la gravure allemande, comme Mantegna dans la gravure italienne. Presque tous les maîtres de la fin du XVᵉ siècle l'imitèrent et le copièrent; les marchands publièrent beaucoup de contrefaçons, sous le crédit de sa marque.

Un graveur, qui s'est tenu le plus près qu'il a pu du maître, a marqué ses estampes d'un A et d'un G; on le nomme partout Albert Glockenton. On trouve d'un autre côté des renseignements certains sur un *Albrecht Glockendon illuminist zu Nuremberg*, ainsi signé en 1531, sur une estampe en bois citée par Brulliot, faite à son avis dans un autre goût que les estampes au burin marquées A G. Aussi Huber admettait-il deux artistes de ce nom, l'un graveur en bois et enlumineur, l'autre graveur au burin [1]. Zani n'en donne qu'un et le classe dans ses tables comme minia-

---

(1) *Catal. Winckler; École allemande*, Nᵒ 1780-1784.

turiste , dessinateur, graveur et marchand, travaillant en 1510 et 1535;
il n'y a pas de preuve, ajoute-t-il, qu'il ait gravé en bois. On a quelque
peine à admettre, non pas que Glockenton, marchand d'estampes, ait fait
graver des bois d'une manière différente, mais que, comme graveur, il
ait aussi tard, si les dates précédentes s'appliquent aux estampes au burin,
conservé avec autant de fidélité la manière de Martin Schoen.

Bartsch a fait connaître, sous ce nom quatorze estampes originales, et
treize copies. Zani, qui décrit quelques-unes de ces pièces comme bel-
lissimes , et l'*Adoration des Mages* comme le chef-d'œuvre du maître,
venant au sujet de *Jésus-Christ en croix*, dont il décrit deux estampes différentes à la même marque, sous le titre d'un *Anonyme italien*, soulève
une question intéressante dont je dirai un mot.

Nous savons par Vasari, que Gherardo, miniaturiste de Florence, travaillant en 1493 et mort jeune , avait copié au burin avec beaucoup de
succès , plusieurs estampes de Martin Schoen et notamment celle de
Jésus-Christ en croix. Or, Zani est fort tenté de croire que la pièce du
Cabinet de Vienne (Bartsch, 14), et la petite estampe ovale de cinq figures
et deux anges avec l'inscription de la croix au rebours, sont l'ouvrage de
Gherardo; celle-ci paraît tirée sur quelque plaque faite pour être niellée,
et toutes deux sont marquées d'un A et d'un G gothiques , différant des
deux lettres, plutôt grotesques qui marquent les autres estampes attribuées à Glockenton. De son côté, Ottley, décrivant parmi les estampes
de l'ancienne École florentine une *Mort de Virginie* , dans laquelle il
trouvait une manière de graver différente , conjecturait qu'elle pourrait
bien être du miniaturiste florentin. Il remarquait que les ombres , qui
dans les gravures de Baldini sont faites de hachures serrées , croisées en
divers sens mais toujours droites, étaient ici fines , recourbées et terminées souvent, dans les parties éclairées, par des coups de burin délicats,
comme dans les gravures des anciens allemands; le paysage aussi lui
paraissait travaillé dans la même manière, et toute la composition exha-
lait le goût d'un miniaturiste, plutôt que celui d'un peintre en grand.

Que les dilettanti assez heureux pour tenir les estampes citées, vérifient!
on voit de quel intérêt sont ces A G, encore mal connus. On a depuis
longtemps signalé leur style pur et leur grande délicatesse ; la manière du

beau Martin y est comme adoucie. Elles témoigneraient bien visiblement, si l'opinion des deux iconographes était confirmée, quel avait été en Italie l'ascendant du type et de la manière du maître de Colmar.

5. LE MAITRE AUX INITIALES ♭ ♂. Le nom de *Barthélemy Schoen*, appliqué à ces initiales, ne repose encore sur aucun document certain; mais, en admettant avec la critique, que ce n'est pas le nom d'un frère de Martin Schongauer, on peut, avec Zani [1], accepter la tradition commune en Allemagne, qui établit un artiste de ce nom, orfèvre, dessinateur et graveur, travaillant en 1479. On le croyait autrefois antérieur à Martin; et Heinecken, nous l'avons vu, trouvait la plus grande analogie entre ses estampes et les bois de la Bible des Pauvres; sa manière peut être aujourd'hui mieux déterminée [2].

C'est un graveur qui a le dessin accentué et le burin léger. Dans quelques pièces, il se rapproche du Maître de 1466, par la tournure grotesque et le profil proéminent de ses figures, comme dans l'estampe des *Deux amants*. Il copia le beau Martin dans la *Passion* et dans d'autres estampes. Le plus souvent il a de l'analogie avec Israël Mecken, produisant comme lui de nombreux sujets dont le premier auteur sera toujours difficile à découvrir.

6. ISRAEL MECKEN et ISRAEL VAN MECKEN. Bartsch donne à un seul maître toutes les pièces signées I. M. et I. V. M. Il me paraît plus conforme aux faits d'admettre, avec Zani et Ottley, qu'il y a eu deux Israël, bien qu'on ne puisse pas toujours faire la part exacte de chacun. L'examen attentif de cette œuvre mêlée et inégale, autorise à penser que le

---

(1) Zani paraît décidé à accepter le nom de Schoen, par cette considération qu'on le trouve appliqué à Martin lui-même, et porté par un autre artiste du siècle suivant, Erhard Schoen, orfèvre, peintre, graveur et écrivain, connu par des gravures en bois et un *Traité sur la proportion des figures humaines*, Nuremberg, 1542.

(2) Christ dit avoir vu de lui une pièce datée de 1479; elle n'est pas dans le catalogue donné par Bartsch et par Ottley, qui comprend 24 pièces.

plus vieux des Israël Meckeu, peintre, orfèvre et graveur, commença à graver après le Maître de 1466, enseigna son art à Israël, son fils ou son neveu, et travailla conjointement avec lui, quelquefois peut-être aux mêmes planches. Le vieux étant mort vers 1503, le jeune continua à travailler jusqu'en 1527, ajoutant alors à la signature commune le *van*, qui ne se trouvait pas sur les planches du premier. Héritier de ces planches, il dut cependant en continuer le tirage et le débit, et quelquefois, en les retouchant, modifier la signature. Plusieurs pièces des Israël portent avec leurs initiales les noms du pays, et on doit penser qu'ils travaillèrent principalement à Bocholt, petite ville du duché de Munster, en Westphalie.

C'est ainsi que s'explique le style généralement plus gothique et en même temps plus habile des pièces signées I. M., I, ou Israël, aussi bien que les deux états de l'estampe du *Sauveur accompagné de plusieurs Saints*, de la suite des *Apôtres* et de plusieurs autres pièces. Parmi les copies de leur œuvre, on constate de plus que celles d'après les vieux maîtres, le Maître de 1466 et Martin Schongauer, portent la signature propre au vieux Israël, tandis que celles d'après les maîtres plus nouveaux, Wolgemut et Albert Durer, portent la signature I. V. M. Enfin, il y a dans cette œuvre double, deux portraits différents : l'un vieux, figuré à côté de sa femme, et sans barbe; l'autre jeune, coiffé d'un turban et barbu, circonstance qui coïncide parfaitement, comme le fait remarquer Zani, avec la date des deux artistes; la barbe étant devenue de mode précisément du temps du jeune Israël, artiste assez vain, si l'on en juge par la particule qu'il ajouta au nom de son père, pour avoir adopté avec empressement le nouvel usage des cours.

Selon Bartsch, les estampes des Israël possèdent tout le caractère gothique du temps sans en avoir la beauté. Ottley fait des réserves à cette critique trop sévère; il ne les trouve pas absolument dépourvues de mérite, bien que leur dessin soit assez barbare, et il donne pour exemple une frise du vieux Israël, fort spirituelle, en effet, où l'on voit des lapins faisant cuire un chasseur à la broche et ses chiens à l'étuvée. On pourrait citer des pièces plus sérieuses.

A en juger par quelques tableaux du vieux Israël, que j'ai vus au Musée de Munich, surtout la *Jeune Marie montant les degrés du Temple*, délicieuse figure d'une pureté et d'une simplicité incomparables, le vieux Israël était un peintre de grand mérite; dans la gravure, le travail rapide et négligé de son fils lui aura fait tort. Généralement, il faut en convenir, les Mecken sont des dessinateurs défectueux; copistes déterminés, ils multiplièrent leurs productions, à l'exemple des graveurs sur bois; imbus de tout le maniérisme gothique du XVe siècle, ils propagèrent un type pauvre, reconnaissable surtout à ses petits bras et à sa grosse tête. Cependant, pour les amateurs intrépides de l'art gothique, dont le nombre augmente tous les jours, leur *Vierge*, figure entourée de matrones embesognées à tous les détails du ménage, dans une chambre à dressoirs chargés de vaisselle, leurs *Saints* d'une expression sinon noble du moins vraie, et leurs *Demoiselles en conversation galante*, ne paraîtront pas sans attrait.

7. FRANZ VAN BOCHOLT a passé longtemps dans les livres pour le plus ancien graveur de l'Allemagne; puis, par réaction, on a voulu le faire postérieur aux Israël. Bartsch croyait qu'il leur était antérieur et même qu'il avait été leur maître, parce qu'ils avaient réimprimé certaines de ses estampes; mais Bartsch n'admettait, comme je l'ai dit, qu'un Israël. En en admettant deux, on trouve qu'il était antérieur seulement à Israël le jeune, puisque ses initiales F. V. B. ont été remplacées sur quelques estampes par I. V. M., et jamais par I. M., qui sont les initiales du vieux Israël [1]. Il aurait donc travaillé vers 1480. Zani juge les estampes de ce maître assez belles; Ottley l'estime davantage et trouve ses figures dessinées avec une grande pureté. Il m'a paru, dans les ouvrages que j'ai pu voir [2], se placer entre le Maître de 1466 et Schongauer, mais à quelque distance; moins inventeur, buriniste plus lourd, dessinateur plus maigre. Sa *Vierge* a la figure pleine, l'œil petit et épais, une bouche dédaigneuse et une expression froide.

Ses estampes citées sont le *Jugement de Salomon*, composition d'un style

---

(1) *Enciclopedia*, tom. IV, pag. 282.
(2) Bartsch et Ottley décrivent de lui trente-huit pièces; le *Manuel* de M. Le Blanc en porte cinquante-huit.

très-gothique, sans doute de ses premiers temps, et *Samson déchirant le lion*, qui passe pour son chef-d'œuvre. Samson, portant moustaches, barbe, chapeau à plume et houseaux, est à califourchon sur le lion qu'il tient par la gueule. Les manches de son pourpoint sont brodées de lettres majuscules romaines et gothiques, que Bartsch lit d'une façon et Zani d'une autre ; le premier les déclare indéchiffrables, le second seulement indéchiffrées. En attendant que les amateurs s'y exercent, on peut croire avec M. de Laborde, que ces bordures de vêtements en lettres, que l'on rencontre sur plusieurs estampes allemandes et flamandes, étaient faites par des graveurs qui voulaient marquer les habits des personnages juifs, de combinaisons de lettres étranges, pour simuler les caractères hébraïques qu'ils ignoraient [1].

On cite encore de Bocholt une pièce d'ornement où se voit une chouette dévorant un moineau, parce que Schongauer a gravé le même sujet, et qu'on ne saurait prononcer laquelle des deux pièces est la plus ancienne. Il a fait deux suites d'*Apôtres*, à propos desquels Mariette a laissé une observation curieuse : cet iconographe, d'un tact si fin et de tant de savoir, y ayant remarqué quelques analogies avec les Prophètes de Baldini, avait pensé d'abord que les gravures italiennes avaient dû être connues du maître allemand ; puis, en y revenant, il jugea que les gravures allemandes pouvaient bien être antérieures et avoir été portées à Florence, où Baldini les aurait vues et s'en serait aidé [2]. Nous avons eu d'autres exemples des relations qui s'établirent entre les artistes des deux pays, et qui n'empêchaient pas que chacun ne gardât sa manière. Ici, les Prophètes chargés d'habillements et d'une tournure plus gothique qu'il n'appartient à leur pays, me paraîtraient plutôt atteints de germanisme ; je ne vois pas aussi bien ce que les Apôtres si tudesques de Bocholt auraient emprunté à l'Italie.

---

(1) De Laborde ; *Les ducs de Bourgogne*, tom. I, introd., p. LXXXVIII.
(2) *Abecedario de P.-J. Mariette*, publié par M. de Chennevières, pag. 55.

IX.

Les graveurs de la Franconie.

1. Ceux qui par aperçu, voulaient que la gravure fût originaire d'Allemagne, croyaient que la Franconie en avait été l'heureux berceau. Heinecken indiquait plus précisément Culmbach, parce qu'il avait trouvé une vue de cette ville formant le fond d'une très-ancienne estampe de la *Sybille Tiburtine montrant la Vierge à Auguste*. Par surcroît, c'était aussi la patrie de Schongauer, que l'on appelait *Martin de Kalenbach*. Le fait est que, dès les premiers temps de la gravure, les artistes de la basse Allemagne et des villes les plus rapprochées des Pays-Bas, priment et absorbent leurs compatriotes. Vers la fin du XV° siècle seulement, quelques graveurs originaires de la Franconie viennent constituer un groupe différent.

Nuremberg, où Albert Durer était déjà né à cette époque, où il allait bientôt fonder une école d'un si grand renom, produisit quelques graveurs qui se distinguent par un caractère tudesque encore plus prononcé. Plus que les autres, ils doivent être abordés avec les concessions requises, lorsqu'on ne veut pas, comme c'était l'usage autrefois, les confondre tous dans la même réprobation de gothicité et de grimace.

Fite Stoss, dont le nom était à peu près connu de Marolles et des anciens auteurs, et qui passait pour le maître de Schongauer, a été mieux signalé par une découverte faite il n'y a pas longtemps dans les archives de Nuremberg [1] : il était peintre, orfèvre, sculpteur ; on cite de lui à ce dernier titre un bas-relief à Bamberg. Bartsch, Ottley et Brulliot décrivent une dixaine d'estampes de ce maître ; j'ai le regret de ne les avoir pas vues. Ottley, dont l'appréciation mérite toute confiance, les dit faites avec assez de hardiesse de main, en hachures croisées et dans une manière

---

[1] M. Mayer cité par Brulliot ; *Dictionnaire des monogrammes*. Munich, 1832, p. II, n° 2832.

différente de celle du Maître de 1466 et de celle de Schongauer. Il leur donne pour date 1470 ou 1475.

2. Mathæus Zeyssinger. Les initiales M. Z. expliquées par des noms plus ou moins rencontrés, Martin Zagel, Zinck, Zazinger, ont été rendues à leur véritable auteur. Le baron d'Aretin[1] l'a trouvé avec la qualité d'orfèvre et de graveur, cité au milieu de quelques imprimeurs de Munich, dans un récit de la guerre de Wurtemberg. Il s'agit sans doute de la guerre entreprise en 1504 par le duc Ulrich VI, à l'instigation de Maximilien.

Zeyssinger est un graveur sec, mais habile et plein d'originalité ; son œuvre est inégale ; son dessin et son travail, mal affermis dans quelques pièces, acquièrent dans d'autres de l'énergie et de la finesse.

La *Vierge près d'une fontaine* est d'un type laid et grimaçant. La *Sainte Catherine au moment de sa décollation*, a la tête et la tournure accentuée d'une matrone. Le costume de la Sainte, quoique hors de saison, celui de l'empereur qui assiste au martyre, celui du bourreau, tout aussi entachés d'anachronisme, sont des plus curieux, et la scène entière est traitée précieusement ; les eaux, les végétaux et jusqu'aux derniers plans du paysage sont faits avec une finesse rare.

Mais c'est dans les sujets familiers que le maître montre toute sa distinction. Les *Amants qui s'embrassent*, composition recherchée dans ses détails d'intérieur, est pleine de convenance et de sentiment dans la disposition naïve des figures ; la *Femme nue tenant un miroir et reposant sur un crâne*, montre de belles formes très-locales et dans le goût tudesque non encore idéalisé par le génie de Durer. On remarquera surtout le *Lai d'Aristote*, estampe improprement nommée par Bartsch, le *Mari subjugué*. Le philosophe servant de monture à la maîtresse d'Alexandre, était pour le graveur un sujet des plus piquants ; il l'a rendu avec cette fine énergie propre à l'École allemande, de façon à être difficilement dépassé par les maîtres du XVIᵉ siècle.

On peut croire, d'après les estampes qui représentent un *Bal et un tournoi*

(1) Cité par Brulliot, P. II, n° 2082.

devant la cour de Bavière, qu'il résidait à Munich. Ces estampes sont datées de 1500 à 1503. Mais Zeyssinger appartient tout entier, par son style, à la fin du XV⁰ siècle. Il n'y a pas de graveur qui exprime avec plus de vérité les mœurs et le costume de la Bavière sous le duc Albert le Sage et sa femme Cunégonde d'Autriche. Conrad Celtes, le poète lauréat de Frédéric III et de Maximilien, se plaint en vers et en prose de l'envahissement des mœurs étrangères :

> *Elsula, quid tantis oneras tua brachia baccis?*
> *Aurea in digitis vincula multa geris,*
> *Ostrina sub veste tumens, vultuque superbe*
> *Tricarum ingenti pondere pressa caput....*
> *Inque peregrinos flectis tua corpora motus* [1].

Ailleurs, dans sa description de Nuremberg, le poète déplore plus précisément l'introduction des modes de France : *Nunc gallorum more limbatas clamides et manicatas tunicellas induunt : nunc corpus caligâ et tunicellâ interulâ strictissimè singulaque membra exprimente stringunt : caputio posteriore parte phalerato et caudiculato suprarecto, palliolo ad dexteram aperto, vixque super inguina perducto : calceis quondam rostratis nunc vero obtusis et circa talos zonatis, crepidis et solidis subtratis in gallicanum morem ferunt.*

Ces vers et cette prose s'appliquent point par point aux figures et aux costumes des estampes de Zeyssinger, et il faut les croire, sur la parole de Celtes, à la mode française. On s'assure par là seulement que la mode française de Nuremberg, sous la bonne Cunégonde, était encore bien tudesque et bien arriérée, comparée à celle de Paris sous la sage Anne de Bretagne.

3. MICHEL WOLGEMUT 1434 — 1519. C'était une opinion généralement reçue que le maître d'Albert Durer avait été graveur au burin et en bois ; on lui attribuait toutes les estampes marquées d'un W.

---

[1] CONRADI CELTIS *Protucii, primi inter germanos imperatoriis manibus poeta laureati,* QUATUOR LIBRI AMORUM *secundum quatuor latera Germaniæ.* Nuremberg, 1500, in-4⁰.

Bartsch a voulu changer cette attribution, et donner les mêmes pièces à Wenceslaus d'Olmutz, en Moravie, sur l'autorité d'une estampe de la *Mort de la Vierge* datée de 1481, et portant sa signature, *Wenceslaus de Olomucz*. Cette autorité n'a point paru suffisante à Zani et à Ottley. Les estampes marquées d'un W sont de plusieurs mains ; on peut donner, à Wenceslaus ou à d'autres, celles qui ne sont que des copies ou des imitations de Schongauer, bien qu'il ne paraisse pas impossible qu'un peintre distingué ait copié des gravures de Schongauer ; mais la plupart , les plus remarquables et les plus originales , paraissent appartenir réellement à Wolgemut.

Il était peintre, orfèvre, mathématicien, en même temps que graveur. Albert Durer n'ayant pu entrer chez Martin Schongauer, qui vint à mourir au moment où son père l'envoyait à Colmar, travailla à Nuremberg chez Wolgemut, de 1486 à 1490. Il y apprit la gravure, et l'œuvre du maître contient précisément un certain nombre de pièces qui servirent de modèle à l'élève. Telles sont la *Vierge au papillon*, l'*Organiste tenté pendant son sommeil* et les *Quatre sorcières*. Les copies qu'en fit Albert Durer paraissent déjà traitées, il est vrai , de main de maître, et leur supériorité a induit plusieurs iconologistes en erreur. Mais les estampes de Wolgemut, d'un burin moins sûr, plus sec, ne peuvent être prises pour des copies faites par quelque orfèvre ignorant , comme le suppose Bartsch. C'est ce que Ottley a pertinemment établi.

On peut signaler de plus quelques pièces qui font de ce graveur un maître original et recommandable : *Loth enivré par ses filles*, la *Cène*, décrite par Zani comme une très-bonne pièce, et le *Martyre de saint Barthélemi*, où Ottley a remarqué tout le talent du dessinateur des planches de la Chronique de Nuremberg.

Il resterait à faire la part de WENCESLAUS D'OLMUTZ, qui fut orfèvre, dessinateur et graveur, travaillant en 1481. Je ne suis point en mesure pour cela ; on y parviendra en comparant les nombreuses estampes marquées d'un W, avec la *Mort de la Vierge* qui porte le nom du graveur. M. Duchesne en cite plusieurs dans son *Voyage d'un iconophile*, et particulièrement dans sa visite au *British Museum* une figure satyrique de Rome, ROMA CAPVT MVNDI, 1496, qui serait la première estampe exécutée à l'eau forte. Parmi celles qui pourront lui être le plus sûrement attribuées comme orfèvre, on comptera sans doute les grandes et précieuses planches de ciboires ogivaux, qui ont été décrites par Bartsch. Ces planches devraient aussi être comparées avec les pièces d'orfèvrerie et d'architecture marquées de la même lettre W, et de plus d'un A dont la traverse se prolonge en forme de croix, que Bartsch place entre le Maître de 1466 et Schongauer. Un intérêt particulier s'attache à ces gravures qui reproduisent les caprices extrêmes du tracé flamboyant, au moment où il va disparaître sous le souffle de la Renaissance. Strutt les attribuait à un *Jacques Walch*, qui n'est mentionné ni par Bartsch ni par Ottley. Il fut pourtant architecte, dessinateur d'ornements, orfèvre, ciseleur et graveur, de 1470 à 1500, et son nom mérite d'être conservé en attendant la détermination des estampes qui devront lui être appliquées.

4. MAIR de Landshut. Voici encore un maître de Franconie, remarquable par son goût tudesque prononcé et par l'emploi fréquent des édifices gothiques. Bartsch et Ottley décrivent de lui une douzaine de pièces au burin, avec les dates de 1499 et 1506. Une de ces pièces, *Sainte Anne*, porte, outre son nom, la marque W qui désigne sans doute le dessinateur Wolgemut, d'après lequel il a gravé, ou suivant Bartsch, le graveur Wenceslas d'Olmutz qui aurait travaillé sur son dessin.

Les estampes de Mair présentent cette circonstance singulière que, faites sur cuivre et souvent d'un burin gros, elles ont reçu dans quelques épreuves, plus rares que les autres, un effet de clair-obscur par l'impression d'une seconde planche de bois ou de cuivre. La *Nativité*, son chef-d'œuvre, donnée par Bartsch comme une estampe simple, est décrite par Huber comme un clair-obscur d'un brun foncé avec des rehauts de blanc; Zani, qui l'a décrite aussi d'après l'exemplaire du Cabinet de Paris, indique par quel procédé il la croit faite. Le Cabinet possède d'autres clairs-obscurs qui sont restés inconnus à Bartsch, *Jésus disputant avec les Docteurs*, qui porte comme la pièce précédente le nom de Mair et la date 9941, ainsi écrite, *Samson livré par Dalila*, décrit aussi par Zani, et quelques autres pièces tirées sur un papier bistre auquel il manque encore les rehauts du second tirage. Heinecken était donc fondé à dire, contrairement

à l'opinion de Bartsch, que Mair avait gravé en clair-obscur déjà au XV°
siècle. Le point est important pour la question encore controversée de
l'origine des camaïeux. Le peintre dessinateur de Landshut n'est pas
donné d'aileurs comme graveur sur bois. Mair a fait des sujets saints et
des sujets galants ; ces derniers ont des figures d'une expression si tudesque qu'elles avoisinent le ridicule. Son burin est fort et arrêté, son dessin
inégal est raide dans quelques pièces, moelleux dans d'autres ; il a souvent employé dans ses sujets, des fonds et des intérieurs d'édifices ogivaux qu'il traite avec habileté. C'est un rapport de plus avec les maîtres
précédents.

Au reste, pour ce maître comme pour beaucoup d'autres, on cherche-
rait vainement l'attribution précise et personnelle de nombreuses pièces
anonymes, de monogrammes pris, repris, échangés et imités. Zani énu-
mère jusqu'à six artistes allemands du nom de Mayr et Wayer, graveurs
au burin ou sur bois et marchands d'estampes, travaillant de 1499 à 1594;
il faut les distinguer de celui que je viens de désigner. Aussi la classification par Écoles est-elle la seule qui puisse atténuer les obscurités et
les incertitudes de la biographie des artistes.

5. Parmi les monogrammes inexpliqués des allemands du XV° siècle,
le MAÎTRE AUX INITIALES L G, ou L et C accosté d'un z (L Cz), mérite
quelque distinction ; Ottley a pris ses estampes pour les premiers ouvrages de Lucas Cranach ; et, sans accepter cette conjecture, on peut y
voir une indication du mérite que lui accordait l'iconographe anglais.
Zani, qui a décrit plusieurs pièces de ce maître, en les considérant comme
de très-bonnes productions d'un anonyme allemand, y reconnaît un
burin tout différent de celui de Cranach, qui n'a jamais employé d'ailleurs
de marque semblable.

L'estampe de *Jésus tenté par le Diable* présente un Christ à figure calme
et austère, et un démon d'une monstruosité bizarre, avec un fond de
paysage tudesque. Le burin en est fin, d'un effet coloré, minutieusement
appuyé dans les accessoires, les vêtements, les terrains, les fabriques.
La *Vierge* assise sur le gazon, allaitant, le sein découvert, les cheveux
flottants, la robe se développant en plis brisés, a une expression fine,

nullement idéale mais religieuse dans sa simplicité. La pièce est exécutée
d'un burin fin et sûr. La *Chasteté*, où l'on voit dans une touffe de feuillages une jeune fille en costume mondain caressant l'unicorne qui a les
deux pieds sur ses genoux, est une pièce d'ornement originale et élé-
gante. Elle porte, outre le monogramme, la date de 1492.

Tous les auteurs prennent le Maître L C pour un allemand, et je ne
suis point en mesure de les contredire ; mais je n'ai pu m'empêcher,
en admirant ses estampes, de me rappeler davantage les graveurs des
Pays-Bas. Le cabinet d'Amsterdam, où abondent les maîtres de cette École,
en possède plusieurs pièces.

X.

Les Graveurs sur bois des Incunables, en Allemagne.

1. Si l'on se résout à donner à la Flandre les premiers xylographes,
il n'en faut pas moins admettre que la gravure sur bois fut de très-bonne
heure pratiquée en Allemagne. Indépendamment de la part qui lui revient
des estampes primitives isolées, elle produisit aussi des livres xylographiques ; enfin, par la découverte de l'imprimerie, elle fournit aux graveurs sur bois des ressources toutes nouvelles. Dans les ateliers des
inventeurs de l'imprimerie et des premiers typographes, travaillèrent
des graveurs, faiseurs de cartes et dessinateurs, qui sont même quelquefois désignés dans le prologue ou dans la souscription des livres nouveaux. La Bible des Pauvres et les autres suites d'estampes furent dès-lors
publiées avec des textes imprimés, et se multiplièrent dans de plus grandes
proportions. Il est certain que les gravures propres à ces éditions, bien
authentiquement allemandes ; sont inférieures aux gravures des premières
éditions flamandes, et on en a conclu avec raison la supériorité, à cette
date, de l'École des Pays-Bas. Cependant, la part des deux Écoles n'est
pas encore exactement faite. Je rappellerai, pour aider à la faire et pour
marquer les conditions de la critique à l'égard de l'École allemande, que

l'Allemagne sous Frédéric III, empereur pacifique, philosophe, jovial [1], et suivant Commines *le plus parfaitement chiche homme que prince ny autre qui ait esté de son temps*, était un pays plus tranquille que glorieux, et se laissait facilement éclipser dans l'histoire de l'art par le faste et le goût des ducs de Bourgogne. La peinture allemande reçut alors toute l'influence de l'École de Bruges. Il sera toujours difficile de déterminer autrement que par des faits précis, sa part d'originalité ; cependant j'ai cru la reconnaître à une certaine lourdeur de traits, de formes et de draperies, à une ru-desse dans l'expression, à une charge dans le geste, qui, sans préjudice d'ailleurs du talent plus ou moins adroit, de l'esprit plus ou moins vif de l'artiste, lui font des qualités toutes tudesques. Ces concessions faites, on sera peut-être mieux disposé à juger les gravures en bois qui se mul-tiplièrent dans les imprimeries de Mayence, de Nuremberg, d'Augsbourg, de Strasbourg.

2. Le premier et le plus connu des imprimeurs qui ajoutèrent des figures sur bois aux lettres de fonte est PFISTER. Quelques auteurs ont même voulu faire de lui l'éditeur de la Bible des Pauvres et un second inven-teur de l'imprimerie ; mais M. de Laborde a judicieusement précisé ses titres. Pfister, graveur sur bois, employé d'abord par Guttemberg à Mayence, le quitta vers 1458 pour s'établir à Bamberg, en obtenant de lui des restes de lettres abandonnées comme trop grosses, dont il se servit pour le texte explicatif de plusieurs recueils de gravures et de petits livres populaires. M. de Laborde désigne parmi ses livres une *Bible des Pauvres* en 1459, les *Plaintes contre la mort* en 1460, *Belial*, les *Fables de Boner* en 1461, et les *Quatre histoires de l'Ancien Testament* en 1462; mais il les déclare de grossières productions, dénuées de goût et de talent, fort inférieures aux gravures des premières éditions de la *Bible des Pau-vres* et du *Speculum*, qui seraient pourtant antérieures de plus de 20 ans [2].

---

(1) Ses bons mots ont été recueillis dans la *Margarita facetiarum* ; Strasbourg, 1509.
(2) *Débuts de l'Imprimerie à Mayence et à Bamberg* ; 1840, in-4º, pag. 24.

Les planches de la plupart des incunables sont, comme celles de Pfister, plus satisfaisantes pour l'antiquaire que pour l'artiste ; la rapidité d'exécution et l'abondance des gravures fournies ainsi à l'imprimerie y produisit une infériorité relative, les bons artistes se bornant à donner les dessins, taillés d'abord souvent par des manœuvres peu intelligents, puis copiés, imités et répétés jusqu'à l'abus par des imprimeurs intéressés et des ouvriers maladroits. Dans leur généralité, elles paraissent à la fois plus compliquées de composition et moins soignées, plus grimaçantes et plus maladroites. Elles sont du reste fort inégales et mériteraient un triage attentif, dont la difficulté stimulera, il faut l'espérer, quelque bon critique.

3. Zani a fait des observations précieuses sur la BIBLE DE KOBURGER, imprimée à Nuremberg, en 1483, qui contient 86 planches à gros contours et à simples traits, supérieures à beaucoup d'ouvrages du même genre. L'estampe des *Cavaliers sur des nuées à Jérusalem pendant la guerre d'Antiochus*, a été copiée dans la Bible d'Holbein; et les figures de l'*Apocalypse* étaient sûrement connues d'Albert Durer, quand il a composé sa suite. Beaucoup d'autres planches, quoique médiocrement exécutées, montrent pour l'invention un bon maître. Les arbres, les habits brodés, les terrains garnis de plantes, rappelaient à l'iconographe de Parme plusieurs estampes au burin et notamment une suite de la *Vie de Jésus-Christ*, en 52 pièces, dont il se réserve de parler plus tard; il les croit du même graveur. Des marques se voient sur deux autres planches : M précédé de deux points au *Moyse* du folio 71, et un dragon dans un écu à la *Judith* du folio 462 : elles n'ont point encore été expliquées. Koburger, imprimeur habile et littérateur cité, a passé auprès de quelques-uns pour graveur en bois, mais la preuve n'en a pas été fournie, les prologues de ses livres ne le désignent jamais comme tel. Nous savons seulement qu'il était l'ami de l'orfèvre Albrecht Durer le père, et qu'il fut le parrain du grand artiste [1].

---

(1) Albrecht Durer ; Mémoires et correspondance, trad. dans le *Cabinet de l'amateur*; 1840, pag. 307.

4. LA CHRONIQUE DE NUREMBERG fut imprimée par le même Antoine Koburger, en 1493, et l'imprimeur y désigne comme ayant donné leurs soins aux figures, les mathématiciens et habiles peintres MICHEL WOLGEMUT et WILHELM PLEYDENWURFF : *adhibitis viris mathematicis pingendique arte peritissimis Michaele Wolgemut et Wilhelmo Pleydenwurff quarum solerti accuratissimaque animadversione tum civitatum tum illustrium virorum figure inserte sunt.* Les termes de ce *colophon*, exactement pris, indiquent sans doute ces artistes, non comme les graveurs en bois, mais seulement comme les dessinateurs des figures. Toutefois, l'examen des planches de la Chronique, d'une exécution fort inégale, n'autorise pas une assertion trop absolue sur ce point. On peut croire que Wolgemut et Pleydenwurff dirigèrent la composition et la confection, le dessin et la gravure de ces nombreuses planches, mettant probablement la main aux principales, indiquant la manière de graver, et laissant le gros de l'ouvrage à des élèves et aux ouvriers de l'atelier de Koburger.

Plusieurs gravures de la Chronique, en effet, montrent une maestria de dessin, un esprit de composition et une sûreté de main remarquables, tandis que d'autres sont gravées avec une maladresse et une platitude que le temps même ne peut excuser. Toutes, sans doute, sont faites dans la manière puérile qui est restée propre à la mise en scène des théâtres de foire ; mais cette manière admet encore des différences appréciables de dessin et d'expression. Dieu le Père et les Patriarches y ont cet air rébarbatif que l'on ne rencontre plus guère aujourd'hui que sur les physionomies du quartier des juifs, à Francfort. Les Anges et les femmes s'efforcent inutilement d'être agréables sous leurs draperies enchevêtrées. Un effroyable anachronisme y confond sous le même costume le roi David, Mahomet et Frédéric III, Circé, les filles de Loth et les duchesses de Bavière. Ces fautes et d'autres concédées, il reste les qualités que nous avons reconnues à l'art allemand, la verve de composition et l'énergie de dessin. Les costumes y montreraient, à qui voudrait les bien déterminer, avec quelles nuances les femmes de Nuremberg avaient adopté les modes de la cour de Bourgogne ou de la cour de France. Nous n'y avons vu que des chaperons pyramidaux chargés de mousselines en béguin, des robes à corsages plissés et à manches larges, et pour les hommes des chausses et des jacquettes collantes, des barrettes à plumes et des souliers encore pointus. Les derniers portraits donnés par la Chronique sont ceux de Frédéric III et de Maximilien, et, circonstance à remarquer, ils sont tous deux sans barbe. Cependant, dans une des dernières planches où Frédéric III est représenté sur un trône à côté du pape Pie II, Æneas Sylvius Piccolomini, qui avait été son poète et son secrétaire avant d'être pape, il figure avec une grande barbe ; c'est alors comme une sorte d'apothéose ; car Frédéric mourut l'année même de la publication de la Chronique, en 1493.

5. La gravure sur bois avait donc pris, dans ce demi-siècle, une expansion conforme au génie allemand. Pour l'apprécier, dépaysons un peu, s'il est possible, notre goût, devenu si raffiné, et voyons les images innombrables des livres de la fin du xv° siècle, avec la bonne volonté qu'y mirent les curieux du temps.

Considérées ensemble, les gravures sur bois donnent une figure piteuse de Christ, qui en visant à la grandeur et à la sainteté, n'atteint qu'à la rudesse et la bonhomie ; une Vierge encore toute ensevelie sous les plis de sa mante, à qui la modestie du maintien, la douceur de l'expression tiennent lieu de jeunesse et de grâce ; mais ces figures ont néanmoins, prises dans leur air, cette fleur de vérité qui dans les arts équivaut à tant de qualités. La Vénus des mêmes images est encore moins satisfaisante. L'artiste s'essayant au nu commence par le rendre sans beauté et sans pudeur ; et dans sa poursuite naïve de la nature, il arrive à une crudité quelquefois si plaisante, que le dessinateur en charge le plus spirituel ne trouvera jamais mieux.

Les graveurs sur bois étaient certainement des hommes sérieux, mais on ne comprendrait qu'un côté de leurs ouvrages si l'on ne tenait pas compte de l'allégorie, de l'ironie et du sens moral indiqués par l'exagération, la bouffonnerie et aussi la licence de leurs figures. Cette observation peut être appliquée à d'autres époques, mais, à ce moment, pendant les années qui précèdent la Réforme, alors que la satyre avait revêtu les formes littéraires les plus hardies pour flétrir et railler les abus, les routines et les vices, elle devait aussi se montrer avec éclat dans la gra-

vuire. Un jurisconsulte de Basle publiait la Nef des fols, *Stultifera navis*,
1497, rehaussée de figures en bois, grossières de trait mais vives d'expression, hardies dans leur composition, et qui furent reproduites avec
le plus grand succès à Strasbourg, à Lyon, et à Paris. Nos graveurs
pouvaient plus vivement que les poëtes et les jurisconsultes, fournir
pâture à la curiosité satyrique de leur temps. Leur burin mit au pilori
les juifs et les gens de guerre, les moines et les courtisanes, sur les marges des poèmes, des romans, des chroniques et des heures.

XI

Les anciens graveurs des Pays-Bas.

1. Les villes industrieuses de la Flandre, si prospères au moment où
Philippe le Bon et Charles le Téméraire y venaient répandre les splen-
deurs des arts et des fêtes qu'ils idolâtraient, ne pouvaient pas être restées
sans participation au développement de la gravure, alors que l'École des
van Eyck, créatrice d'un art nouveau, y formait des élèves dignes d'en-
seigner l'Italie, y peignait des panneaux, y enluminait des manuscrits
qui seront toujours des chefs-d'œuvre. Nous avons déjà vu quelle belle
part devait être faite aux graveurs en bois des villes flamandes pour
l'exécution des livres xylographiques; il reste à trouver leurs premiers
graveurs au burin, qui ont été jusqu'à présent confondus avec les vieux
maîtres allemands. La distinction présente plus de difficultés encore pour
des estampes isolées que pour les recueils gravés sur bois, dont l'origine a
été si longtemps controversée. Les arts des Pays-Bas et de l'Allemagne,
en les considérant dans leurs principaux foyers, Bruges et Cologne pour
la peinture, Harlem et Mayence pour l'imprimerie, ont en effet de nombreuses relations, même avant le mariage de l'héritière de Bourgogne
avec le fils de l'Empereur.

Bartsch trouvait les vieux maîtres flamands tellement rapprochés des
maîtres allemands par le burin et le dessin, qu'on ne pouvait faire de

distinction[1]. Ottley, qui le premier a revendiqué pour les Pays-Bas la composition des livres xylographiques, n'y trouve pas cependant de graveur au burin avant le Maître à la navette. M. de Laborde, qui a entrepris avec tous les éléments de succès l'histoire de la découverte de l'impression et de ses applications successives[2], est arrivé à cette conclusion, que les premières impressions de la gravure en creux durent être faites dès les premières années du XVe siècle, dans les ateliers des orfèvres des Pays-Bas et des provinces rhénanes, sur des plaques qui servirent d'abord d'épreuves, comme les nielles, avant de tomber dans les mains d'un artiste de talent qui les produisit avec avantage[3]. Nous verrons ailleurs ce que l'historien entend par ces premières impressions de gravure. M. Passavant a de plus avancé que ce fut un flamand, élève immédiat de van Eyck, Rogier van der Weyde dit Rogier de Bruges, qui, passant à Florence vers 1450, instruisit Maso Finiguerra du procédé de l'impression[4]. Mais ce n'est qu'une conjecture, et jusqu'à présent le nielliste de Florence reste avec sa paix au burin d'une date authentique, le plus digne du titre de protograveur. Dans cette découverte comme dans les autres, des tâtonnements et des essais antérieurs, qui ont leur mérite sans doute, n'enlèvent rien aux titres de celui qui apporte la consécration de la réussite.

2. L'honneur d'avoir retrouvé l'un des plus anciens maîtres au burin de la Hollande, reviendrait à M. Duchesne, si l'on accepte les assertions

---

(1) *Le peintre graveur*, tom. VI, préface, pag. 15. Bartsch comprend dans la même catégorie les vieux maîtres français.

(2) Il n'a paru de l'ensemble des travaux annoncés que l'*Histoire de la gravure en manière noire*. Paris, Techener, in-8°, 1839.

(3) De Laborde ; *Débuts de l'imprimerie à Strasbourg*. 1840, in-8°, pag. 89.

(4) Je ne cite cette opinion émise dans le *Kunstblatt* de 1850 que d'après M. de Laborde, *Notice des émaux du Louvre*, 1852, pag. 88. Une autre note du même auteur, qui m'avait échappé, nous apprend que la date de l'Alphabet gothique gravé en bois, rapproché ailleurs de la Bible des Pauvres, est MCCCCLXIIII; le professeur Hassler l'a lue sur l'exemplaire de la bibliothèque de Basle ; *Les ducs de Bourgogne*, I, p. LXVIII.

consignées dans son *Voyage d'un iconophile*. Il est à regretter que l'honorable conservateur du Cabinet des estampes de Paris, n'ait pas tenu la promesse qu'il avait faite de donner un catalogue raisonné de ce maître, et nous en sommes réduits aux notes trop rapides qu'il a prises en 1837. Parmi les nombreuses pièces anonymes et indéterminées que contient le Cabinet d'Amsterdam, M. Duchesne a reconnu un certain nombre de pièces qui n'avaient ni marque, ni date, mais qui se distinguaient par le caractère tout particulier du dessin et de la gravure. Ces estampes rares dans les cabinets les plus riches, se trouvent à Amsterdam au nombre de 76, dans un état surprenant de conservation et de beauté; l'iconophile en a induit que le maître était hollandais, puis il s'est cru autorisé, par des conjectures raisonnables, à le regarder comme le plus ancien graveur de la Hollande, en concluant d'une date manuscrite ancienne trouvée sur l'une des estampes, qu'il travaillait en 1480. C'est là je crois tout ce qu'on en a dit; M. de Laborde le comprend dans sa table des graveurs des Pays-Bas, mais il n'a pas encore donné les documents qui l'établissent [1]. Voici ce que j'ai remarqué dans les estampes anonymes du Cabinet d'Amsterdam, que M. le conservateur Klinkhamer m'a fort obligeamment montrées.

L'*Annonciation*, l'*Adoration des Rois* et plusieurs pièces de la *Passion* différentes des suites connues du Maître de 1466 et de Martin Schoen, m'ont paru, en effet, d'un dessin particulier, pauvre, nul d'expression, mais accusant fortement les traits, particulièrement le nez, et les yeux placés à fleur de tête. Le type en général est ignoble, le burin empâté et coloré, quoique sans effet. Plusieurs *Vierges* et *Saintes* du même travail, laissent remarquer davantage l'irrégularité de la physionomie. Le *Christ* et la *Vierge*, en buste sur la même planche, sont faits dans une intention pieuse et empreints de toute la dignité dont le maître était capable; ce qui ne veut pas dire que le caractère en soit religieux ou grand. Un *Christ enfant*, un *Christ de douleur sous un dais de feuillages*, et plusieurs autres figures de Christ, peu expressives, manquent encore de correction. *Saint Éloi dans son atelier* doit être remarqué pour de naïfs détails d'inté-

---

(1) *Les ducs de Bourgogne*; tom. I, tables.

rieur gothique et aussi pour l'adresse et le fini de la gravure. Mais l'estampe la plus remarquable de cette œuvre à cause de la finesse du burin, est, sans contredit, la *Damoiselle fesant les cartes à trois jouvenceaux dont un prend des libertés avec elle pendant qu'un vieillard les regarde.* La carte que tient en main la jeune fille est marquée d'un petit drapeau, ou esmouchoir.

L'œuvre du Maître de 1480, formée au Cabinet de Paris par M. Duchesne, ne se compose que de six pièces, et il y en a que je n'avais pas remarquées à Amsterdam. La *Vierge et l'enfant Jésus,* le corps dans une gloire de flammes, la tête dans une couronne d'étoiles, est un ouvrage d'un burin moelleux, où les figures sont d'un type replet et arrondi. L'estampe des *Deux amoureux assis les mains jointes et la damoiselle tenant sous son bras un petit chien,* est gravée d'un burin doux, plus encore que dans l'autre pièce; les têtes y sont aussi pleines et rondes. Cette estampe et une autre qui représente un *Gueux, sa femme et deux enfants,* se retrouvent gravées par le Maître **ᵬ ⱷ**.

Beaucoup d'incertitudes arrêtent la critique à l'examen de l'œuvre entière. Le Maître hollandais aurait encore gravé plusieurs autres pièces, tant de sujets de sainteté que de sujets d'amour, d'allégorie, de satyre et même d'ornement, comme on en trouve dans les œuvres du Maître de 1466, de Martin Schoen, et de Mecken. La confrontation de toutes ces pièces similaires peut seule répandre la lumière sur leur originalité, et amener la détermination des Écoles différentes auxquelles elles appartiennent. Attendons-la de ceux qui sont en position de la faire. Si j'ai pu me faire une opinion, c'est qu'il y a là, en effet, un maître des Pays-Bas, contemporain des Mecken, mais fort éloigné des types originaux de l'École de Bruges, plus rapproché par son goût de dessin des graveurs sur bois toujours plus négligés. En admettant comme on le doit, dans une certaine mesure, l'opinion de M. de Laborde sur les deux tendances des peintres sortis de la grande École flamande, l'une plus pure, l'autre déviée [1], on

---

(1) *Les ducs de Bourgogne;* tom. I, pag. CXLI.

s'assure que le Maître encore hypothétique de 1480 appartient à celle-ci. Les artistes allemands ne seraient pas ainsi les seuls sur lesquels on dût faire peser le reproche de grimace et de corruption. Mais il reste à chercher parmi les anonymes des estampes plus anciennes.

3. C'est plutôt par considération pour le lieu où je l'ai trouvée, que par conviction de son origine, que je mentionne ici une estampe des plus précieuses de la collection d'Aremberg, à Bruxelles. M. de Brou est tenté de la rapporter à une date fort ancienne, 1445 à 1455; j'avoue être resté dans le doute autant sur la date que sur l'École de cette estampe. On la rapprochera avec intérêt de la *Damoiselle fesant les cartes* que je décrivais tout à l'heure, et qui m'a paru, comme celle-ci, antérieure au Maître de 1480; elle représente une *Cour d'amour* : la dame, parée d'un chaperon à bourrelets, assise dans une chaire à pinacles ogivaux, dirige de la droite et de la gauche deux flèches contre le sein d'un damoiseau et d'un chevalier agenouillés devant elle ; sur les côtés, à diverses distances, quatre couples se mignotent; dans le fond, un seigneur plus vieux, le mari à ce qu'il semble, paraît agenouillé sous une tente, tout auprès un manant est aux aguets. La manière de cette estampe est toute primitive, les figures y sont tracées d'un burin moelleux plus ou moins renforcé dans le contour, l'effet principal résulte de quelques arbres et de quelques détails du fond, où les ombres sont plus accusées que dans les personnages. On se souvient que c'est là aussi l'effet des nielles. De tous les signes muets d'antiquité que peut porter une estampe, il n'en est pas qui m'aient paru plus sûrs.

On peut, avec plus de certitude, donner à l'École flamande une estampe du cabinet Vischer, décrite par M. Le Blanc comme primitive, et attribuée au Maître aux banderolles (1), une *Femme nue, vue de dos*, dans une chambre gothique et devant un miroir, avec deux légendes, l'une hollandaise et l'autre française. L'analogie de cette pièce avec celles du maître indiqué m'a échappé, mais la gravure m'a paru fine et grasse; la com-

---

(1) *Catalogue du cabinet Vischer;* Paris, 1852, in-8°, N° 24.

position, des plus précieuses par l'architecture et l'ameublement, est sûrement d'un artiste fort habile dans les épures gothiques; la figure unique est tracée d'après quelque modèle vu aussi avec des yeux gothiques, mais non bouchés à tout sentiment d'élégance. Le dos, sur lequel le graveur voulait attirer toute l'attention, comme le démontre l'inscription française, est dans cette forme antique que M. Ziegler appelle *canopienne* [1]; la légende est trop crue pour être imprimée de notre temps, j'en parle uniquement pour noter son alliance avec une légende hollandaise et donner un exemple de plus des accointances qu'il y avait alors entre les arts de la France et ceux de la Flandre.

Selon Ottley, on devrait donner à l'École hollandaise le graveur anonyme qui a marqué ses estampes d'un W et d'un A gothique, dont la traverse se prolonge en croix. Bartsch, qui a décrit trente-une pièces ainsi marquées, sujets pieux, scènes militaires, motifs d'architecture et d'ornement, les trouvait remarquables et d'un maître original; Ottley le croit de Hollande, parce que son style a beaucoup de ressemblance avec celui du Maître à la navette. Ces initiales sont encore à étudier : les deux marques séparées dans quelques pièces peuvent indiquer deux artistes : d'un côté, il faut les démêler des estampes qui portent seulement la seconde marque, et qui sont dans une manière différente, d'un élève du Maître de 1466 selon Bartsch ; de l'autre les distinguer des estampes qui portent seulement la première lettre, où se trouvent aussi des motifs d'architecture généralement attribués à Wolgemut et à Walch; j'en ai déjà parlé.

4. LE MAÎTRE A LA NAVETTE [2]. Zani et Brulliot le nomment, d'après les initiales I. A. M. ZWOLL. qui marquent ses estampes, J. Ancker de Zwoll, et le font travailler en 1505. Ottley, sans lui donner un nom et une date hypothétique, regarde comme établi qu'il était de Zwoll, en Hollande; le mot qui suit ses lettres initiales n'étant que l'abréviation

---

de *Zwollensis*. Enfin, M. Passavant a pensé que ce pouvait être la marque d'un peintre orfèvre, dont le nom *Johannes de Colonia pictor optimus et aurifaber* a été retrouvé dans les Mémoriaux de Zwoll, à la date de 1478 [1]. L'attribution n'a point encore été confirmée, et il faut, en attendant quelque document plus explicite, se contenter du nom vulgaire et de l'appréciation esthétique de l'œuvre.

Les compositions du Maître à la navette sont souvent neuves, d'après le jugement d'Ottley, et ses figures ne manquent ni d'énergie ni d'expression, bien qu'elles soient d'un goût de dessin barbare. Le format de ses estampes, plus grand que d'habitude, et l'emploi fréquent qu'il fait du nu, rendent ce défaut encore plus saillant. Son style a d'ailleurs beaucoup de ressemblance avec celui de quelques peintres hollandais et flamands du XVᵉ siècle.

La Vierge, qu'on la regarde dans l'*Adoration des Rois*, assise devant une ruine romane, où poussent des branchages, où perchent des moineaux, dans la *Vierge avec l'enfant Jésus tenant une grande croix à trois branches*, dans *Sainte Anne sur un trône ayant la Vierge à ses pieds*, est d'une physionomie triste, empreinte de ce caractère de douceur et de vérité qui tient lieu d'idéal à beaucoup d'artistes gothiques. Ses cheveux, retenus sur la tête par une bandelette, ou couverts d'un lourd voile, retombent en tresses sur le cou; la poitrine étroite paraît d'autant mieux accusée, que sa robe au corsage collant se développe en une jupe à nombreux plis brisés. Le burin en est d'ailleurs habile, fin et doux malgré sa sécheresse, sobre et peu coloré, mais ferme et assez varié pour le temps. La même observation s'applique aux autres pièces du maître.

Le Christ dans les deux scènes du *Jardin des Oliviers* et dans la *Descente de croix*, a une stature longue et maigre, des doigts osseux, une barbe naissante et de grands yeux pleins de douceur. Dans le *Calvaire*, appelé par Zani un vrai chef-d'œuvre pour l'expression et le naturel des passions, on voit en effet avec quelle finesse le maître rendait les senti-

---

[1] *Les ducs de Bourgogne*, tom. II, pag. LII.

13

ments, avec quel soin il étudiait les attaches des membres et la structure
du corps. Il dessinait ses pieds sur de vrais modèles, trop vrais même ou
du moins trop peu choisis. Comme tous les artistes de son pays, il sai-
sissait plutôt le côté vulgaire ou singulier que le côté grand et idéal; mais
il est toujours distingué dans l'exécution et compositeur original. Dans
son estampe du *Chemin fourchu*, un jeune homme en habits mondains,
chevelure bouclée, bonnet à plumes, souliers en pointe, consulte sur le
chemin qu'il doit prendre un vieux moine le bourdon et le chapelet à la
main : un Ange planant au-dessus d'eux tient deux cadres où se lisent
deux sixains léonins, dont la morale est meilleure que la latinité, et qui
paraphrasent ce thème : Vieillard, dis à ce jeune homme que la sagesse et
l'amour du Christ sont préférables au plaisir. Mais par en bas, un diable,
de figure assez originale, tire le jouvenceau par les jambes, en lui souf-
flant un appel à la joie qu'on peut lire sur son philactère.

Le graveur de Zwoll fut un artiste plus scrupuleux que la plupart de
ses confrères, à en juger par son œuvre, qui ne contient que des sujets
de sainteté. Sa manière fut aussi gothique, plus gothique peut-être que
celle de Schongauer, et pourtant il lui est postérieur; mais le maître de
Colmar a dû voir l'Italie, comme le croyait Zani, et celui de Zwoll paraît
s'être toujours tenu près des peintres de Bruges, dont il reproduit fidè-
lement le style précieux.

5. JACQUES DE BARBARY, *le Maître au caducée*. Il était autrefois appelé
François Babylone. Brulliot a vu son véritable nom en toutes lettres,
avec le caducée et la date de 1504, sur un tableau, un trompe-l'œil venant d'Augsbourg, et ses initiales accompagnées du caducée, sur une
tête de Christ peinte, qui reproduit exactement l'estampe connue du *Sal-
vator mundi*. L'auteur du Dictionnaire des monogrammes croyait d'ailleurs
Barbary italien.

Ottley, qui ne connaissait pas ce nom, après avoir constaté l'incertitude
qui plane sur le maître, classé tantôt parmi les allemands, tantôt parmi les
italiens, incline à croire qu'il fleurit au commencement du XVIe siècle, dans
quelque province du nord de l'Italie. Son style, dit-il, quoique particulier,
a quelque ressemblance avec celui des graveurs de l'ancienne École de

Ferrare. Ses estampes, qui paraissent toutes originales, sont exécutées avec une grande délicatesse et en même temps une grande liberté de burin ; dans plusieurs de ses gravures le fond est ombré en hachures diagonales.

On sait aujourd'hui que Jacques de Barbaris était un des peintres flamands dont les tableaux figuraient dans la collection de Marguerite d'Autriche [1]. On peut induire de ses ouvrages qu'il a dû aller en Italie et connaître quelque graveur de l'École de Ferrare, particulièrement Campagnola, dont il imite le fin modelé dans certaines pièces, telles que *Saint Sébastien ;* mais il a d'ailleurs un style tout à lui. Les formes longues et infléchies, les mains maigres, le grand front et les petits yeux de ses figures, le travail de son burin, quelquefois aigre et embrouillé, mais toujours fin et très-arrêté, son dessin, auquel on peut reprocher encore un peu de rondeur, lui font une place à part, fort honorable, dans l'École des Pays-Bas. Plus moderne que le Maître à la navette et prenant ailleurs son type, il est antérieur à Lucas de Leyde. Il ne vivait plus en 1516, et comme on ne peut pas placer tous ses ouvrages dans les quinze dernières années de sa vie, on voit qu'il appartient, pour la plus grande partie de son travail, au XVe siècle. Ses estampes eurent d'ailleurs beaucoup de succès, non en Italie, comme le croyait Bartsch, mais en Allemagne. Hopfer, Wilborn, graveurs allemands, ont copié ses planches, en omettant souvent la marque et en altérant plus ou moins la manière.

La *Vierge* du Maître au caducée, dans l'*Adoration des Rois* principalement, pièce gravée avec la netteté d'un maître et la minutie d'un enfant, a une expression petite et vulgaire, mais fine et douce ; les gestes des figures sont justes, les draperies raides mais étudiées. Le *Christ*, aux traits fins et doux aussi, a les cheveux abondants, des membres grêles, mais corrects et nullement gothiques. *Judith*, grande figure un peu maniérée, le front bombé, la tête penchée, se fait remarquer encore par les lignes longues et élégantes du torse et des extrémités.

Dans *Vénus et Mars,* le maître a bien vu la nature ; il a fait sa Vénus

---

(1) Inventaire des objets d'art qui composaient le mobilier de Marguerite d'Autriche, publié dans le *Cabinet de l'amateur*, 1842, pag. 215.

éléganto et voluptueuse, et lui a donné des yeux à demi-clos, une bouche avancée, une hanche relevée ; le genou est cagneux, le pied lourd , mais l'étude n'en paraît que plus vraie et saisie sur le vif. Il prisait tant le naturel qu'il n'a pas craint d'en reproduire, dans sa *Sorcière*, toutes les décrépitudes. Mais c'est dans le *Sacrifice à Priape* que sa manière paraît dans toute sa perfection. Cette pièce a eu l'honneur d'être copiée par Augustin Vénitien ; car on ne peut plus croire, avec Bartsch, que la pièce du Maître au caducée soit postérieure à celle de l'élève de Marc Antoine et l'ait eue pour modèle. C'est bien le graveur italien qui est ici le copiste ; et si le maître des Pays-Bas s'est inspiré des Italiens, comme cela ne paraît pas douteux, c'est dans les Écoles antérieures à Marc Antoine, comme je l'ai indiqué, qu'il dut chercher ses modèles.

Malgré ses accointances italiennes, Jacques de Barbaris n'en est pas moins un artiste bien flamand. L'abbé Zani, dont l'appréciation est si sûre, avant la découverte de son nom et à l'inspection de quelques-unes de ses estampes, ne s'y était pas trompé. On peut dire avec toute certitude aujourd'hui, qu'il procède, à certains égards, des orfèvres allemands dont il a la sécheresse ; il tient, d'autre part, aux graveurs de Ferrare dont il a quelquefois la noblesse ; mais , entre ces deux Écoles , il a sa manière appartenant bien à son pays , et digne de précéder celle où s'essayait déjà et qu'allait inaugurer bientôt Lucas de Leyde.

XII.

Les graveurs dans le genre criblé. — Les graveurs des livres historiés de Paris et de Lyon.

1. Une part minime est échue à la France dans le développement calcographique du XVe siècle ; et les historiens de la gravure, la plupart allemands, italiens ou anglais, ne se sont point efforcés de l'augmenter. Heinecken et Bartsch n'ont pas même soupçonné que notre pays eût produit alors aucune gravure. Zani, plus scrupuleux, cite comme probable-

ment français un graveur anonyme de 1488, auteur des vues de Venise, Parenzo, Candie, Modon, Rhodes, dans les *Saintes pérégrinations de Ihérusalem*, traduction de l'*Itinéraire de Breydenbach*, imprimée à Lyon par Michelet Topie de Pymont, et Jacques de Herenberg d'Alemaigne. Ces vues sont copiées des planches sur bois de l'édition imprimée à Mayence en 1486; mais ce sont les premières planches au burin qui aient décoré un livre; M. Robert Dumesnil croit aussi que le Graveur de 1488 était français[1]. On s'assure qu'il a dû prendre beaucoup de peine à sa gravure, en cherchant à rendre dans tous leurs détails les terrains, les eaux, les édifices et même les figures; mais on ne peut guère louer que sa bonne volonté. Il a la main maladroite, l'outil pesant, et une complète inexpérience de son métier.

Si l'on admet les faits observés par M. Duchesne, la France aurait un maître primitif d'une autre importance. M. le Conservateur du Cabinet de Paris avait remarqué des estampes d'un travail singulier, gravées avec des points blancs de grandeur irrégulière, un *Saint Bernard* portant la date de 1454, un *Saint George*, une *Sainte Catherine*[2]; apprenant en même temps que M. Hill de Manchester avait trouvé l'estampe d'une madone, faite dans la même manière, sur laquelle on lisait le nom de Bernard Milnet, il n'hésita point, sur la tournure française de ce nom, à l'adopter comme le nom du plus ancien graveur que la France eût produit. Depuis, ces assertions ont été répétées dans plusieurs livres traitant directement ou par occasion de la gravure[3], sans contrôle et sans preuves nouvelles.

Une autre opinion a été produite sur ces estampes; elle changerait le point de départ de l'Histoire de la gravure, dont il ne faudrait plus chercher l'origine, d'un côté, dans les cartes et les images de Saints, de l'autre, dans les nielles. Il est regrettable qu'elle n'ait pas reçu encore de son

---

(1) *Le peintre graveur français*; Paris, 1835-1850, 8 vol. in-8°, tom. VI.

(2) Duchesne; *Essai sur les nielles*, pag. 10. — *Voyage d'un iconophile*, pag. 223.

(3) *Dictionnaire de la conversation*; article Gravure, par M. Duchesne; ici le *Saint Bernard* est cité comme portant la date 1445.—*Patria*, article Gravure, par M. Félix Bourquelot.—*Histoire artistique et archéologique de la gravure en France*; par Bonnardot, 1849, in-8°, etc.

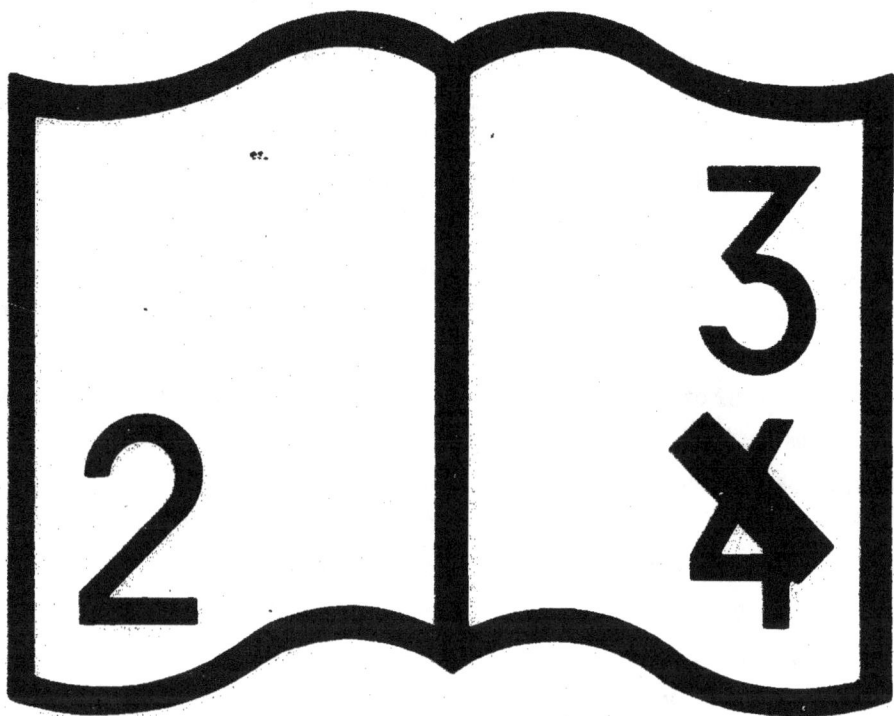

Pagination incorrecte — date incorrecte

NF Z 43-120-12

auteur les développements qu'il peut seul lui donner : M. de Laborde, qui a soupçonné que l'impression de la gravure devait sortir de l'atelier des orfèvres déjà en possession des outils et des matériaux nécessaires, plus naturellement que de l'atelier des dessinateurs de cartes et des enlumineurs de manuscrits, pense que les orfèvres des Pays-Bas et des provinces rhénanes imprimèrent d'abord, et dès les premières années du XV⁰ siècle, des planches gravées en tailles creuses et en tailles de relief, confondues ensemble ; qu'ils séparèrent ensuite les deux procédés du relief et du creux, et furent imités, pour la gravure en relief, par les imagiers et les cartiers sur bois. Dans cette hypothèse, les premiers ouvrages de ces orfèvres gravant en tailles mêlées seraient les gravures criblées. Le savant académicien cite pour exemple le *Saint Bernard* de 1454, la *Vierge* sur laquelle M. Duchesne lisait le nom d'un graveur français, et un *Saint Antoine* exécuté postérieurement, qui montrerait que les Allemands ont pratiqué ce genre de travail jusque dans la seconde moitié du XV⁰ siècle [1]. Il faut lui laisser le soin d'éclaircir ce qu'il a si ingénieusement indiqué, de préciser les signes élémentaires de ce travail primitif, à la fois en creux et en relief, donnant des fonds tantôt blancs, tantôt noirs, et des effets chaque jour modifiés avec plus d'accord pour les conditions de l'impression. En me réduisant à la tâche plus simple d'y chercher une manière et un type, voici ce que j'ai vu :

Les estampes dans le genre criblé, faciles à distinguer, aussi bien des estampes au burin que des estampes sur bois, et portant toutes des signes d'archaïsme incontestables, admettent encore une certaine variété d'exécution ; les figures et les objets principaux y sont ordinairement détachés en blanc, les fonds noirs criblés de points blancs plus ou moins grands et plus ou moins irréguliers ; quelquefois, mais plus rarement, le fond restant blanc, c'est la figure ou les habits qui sont criblés. Elles admettent aussi une assez grande différence de date. Sans affirmer qu'il n'y en ait

---

[1] *La plus ancienne gravure du Cabinet des estampes de la Bibliothèque royale est-elle ancienne?* article de l'*Artiste;* septembre, 1839, tiré à part in-4°. L'estampe dont il est ici question est le *Saint Christophe* de 1423, et l'auteur établit que la seule épreuve authentique qu'on en ait est celle de lord Spencer.

pas de plus anciennes, je n'ai su lire sur le *Saint Bernard* que la date de 1474, la forme en équerre du troisième chiffre ne me paraissant pas douteuse. Enfin leur origine est encore incertaine. M. de Laborde nomme également les orfèvres des Pays-Bas et des provinces rhénanes. Plusieurs, en effet, offrent de l'analogie avec des estampes anonymes allemandes ou flamandes, que l'abbé Zani attribuait au Maître aux vêtements brodés, faute de trouver une désignation plus précise, et aussi avec certaines pièces que M. Duchesne donne au graveur qu'il appelle le Maître aux banderoles.

Quant à l'inscription de la Vierge, où M. Duchesne voyait le nom de Bernard Milnet, je n'ai su y lire, le fac similé de M. de Laborde sous les yeux, que **bernhardinus milnit**; et ne résistant pas à la tentation d'une conjecture, j'ai fait aussi la mienne; elle serait moins douteuse si la Vierge était ici accompagnée de saint Bernard, *mellifluus doctor*, représenté quelquefois dans les anciennes estampes *virginis ubere instar filii pastus*, selon les expressions de Paquot[1], parce que dans un sermon il s'était plu à voir, comme un emblème insigne de charité, la Vierge allaitant son divin fils : *mater ostendit filio pectus et ubera.* Il n'est donc pas impossible que l'image faite à l'usage de quelque dévot du nom de Bernard, ait relaté la circonstance la plus mystique de la vie de son patron. Dans l'iconographie byzantine, la Vierge prend quelquefois pour légende : *Celle qui nourrit de son lait*[2]. L'estampe n'a pas été décrite que je sache ; M. Duchesne, dans l'Essai sur les nielles, dit ne savoir ce qu'elle est devenue; M. de Laborde a donné son fac similé d'après l'épreuve du Cabinet des estampes que je ne connais pas. Il est inutile d'ajouter que Bernard Milnet n'a été rencontré dans aucun document. Si on voulait absolument trouver ici le nom d'un artiste, bien qu'une telle signature paraisse insolite, il faudrait se borner du moins au nom de *Bernhardinus*, et voir dans le second mot le *sculpsit* du graveur se regardant encore comme un miniaturiste : *milnit* pour *miniavit* ou *illuminavit*, mais je conviens que l'explication serait tirée par les cheveux.

---

(1) Molanus; *De historia ss. imaginum*; Lovanii, 1771, in-4°, pag. 336.
(2) *Manuel d'iconographie chrétienne*; par Didron, Paris, 1844, in-8°.

Cependant, à bien considérer le travail de ces estampes ainsi que leur style, on trouve des raisons puissantes pour les regarder, au moins en partie, comme françaises. La gravure en paraît faite sur un métal plus mou que le cuivre, et souvent à tailles d'épargne, c'est-à-dire les blancs laissés en creux comme dans la gravure sur bois, mais dans un procédé entièrement différent de celui qui était pratiqué dans les Pays-Bas et en Allemagne. Les fonds et les parties criblées de points blancs qui les enjolivent, sont imités directement des fonds dorés et gaufrés des miniatures. Lorsque les émaux du blason, art tout français et familier aux miniaturistes, furent rendus sans couleurs et par des hachures, l'or fut marqué par le pointillé ; en sorte que les estampes à fonds criblés représentent, aussi immédiatement qu'il était possible, les vignettes à fonds d'or. Nous verrons bientôt les graveurs français employer plus particulièrement dans leurs bois les fonds marquetés, et les graveurs d'heures adopter ce genre d'ornementation et le porter à sa perfection. Enfin le style des figures m'a paru *sui generis*, d'un contour gothique prononcé mais bien mouvementé, sans noblesse mais sans charge, aussi distant du goût tudesque que du goût italien.

Voici les plus remarquables parmi ces estampes criblées : le *Christ enfant* avec les yeux grands et immobiles des images hiératiques, les cheveux frisés, des extrémités énormes; figure d'un mouvement d'ailleurs vrai et d'un effet bien réussi ; le nimbe et le fond criblé, semés d'ornements et de fleurs, encadrent la figure comme une dentelle; *Saint Georges à cheval* marchant entre deux rochers et foulant le dragon ; il est coiffé d'une épaisse chevelure et d'un panache ; son armure est complète et sa tournure celle des chevaliers de nos romans, *despaules estait large, eslevé — et gresle parmy la cincture ;* la figure est d'ailleurs habilement dessinée et le cheval assez correct, si ce n'était sa tête de face sur un corps de profil; *Sainte Catherine* accroupie dans un ample manteau auprès de sa roue, et tenant une banderole avec la légende *cum floribus septem, etc.;* de légers coups de crible dans la face et les vêtements produisent un effet assez heureux. Dans l'estampe représentant les *Instruments de la Passion*, entre le Christ et la Vierge, surmontés d'un cimier et des quatre symboles évangéliques, on voit un Christ nu, dont l'abondante chevelure fait encore ressortir la maigreur, et une Vierge toute enveloppée de ses draperies.

La plupart de ces pièces portent des inscriptions latines; quelques-unes ont subi une coloration légère et partielle, circonstances qui les rapprochent davantage des gravures sur bois primitives. On en pourrait citer d'autres; mais alors même que leur origine française pourrait être prouvée, elles laisseraient toujours la France bien loin de l'Italie et de l'Allemagne, qui, dans le même temps, possédaient Mantegna et Schongauer. Dans la gravure en bois proprement dite, qui alors n'est pas détachée des livres, le parallèle devient moins défavorable.

2. Les gravures en bois les plus nombreuses et les plus remarquables, historièrent les livres sortis des ateliers des imprimeurs de Lyon, Guillaume Leroy, Matthieu Hus et d'autres, maîstres en l'art d'impression, allemands pour la plupart, attirés par les dilettanti des arts nouvellement inventés de l'imprimerie et de la gravure [1]. Bientôt après, les libraires de Paris, Guyot Marchant, Jéhan Trepperel, Antoine Vérard en publièrent aussi [2]. Ces bois anonymes peuvent être attribués en quelque partie aux imprimeurs eux-mêmes qui étaient d'habiles artistes, mettant la main, selon la bonne coutume de ce temps, à toutes les pratiques de leur art, et qui ne manquaient pas de placer sur le titre de leurs livres leur enseigne formée de monogrammes, de devises et d'armes parlantes; mais ils appartiennent, pour la plus grande part sans doute, à des artistes français, em-

---

(1) *La Légende dorée;* Lyon, Barthélemy Buyer, 1476. Buyer n'était point imprimeur, c'était un conseiller de ville qui avait établi dans sa maison, dès 1473, Guillaume Leroy, *Magistrum Guillermum Regis artis impressorie expertum.* — *Baudoin, comte de Flandre;* Lyon, Bart. Buyer, 1478. — *Le Mirouer de la Rédemption de lumain lygnage;* Lyon, Matthieu Hus, 1478. — *Le Roman de la Rose;* Lyon, vers 1480, Guillaume Leroy. — *Le procès de Bélial à l'encontre de Jésus;* Lyon, 1481. — *Le propriétaire des choses;* Lyon, 1482, Matthieu Hus. — *Le grant vita Christi en françoys;* Lyon, 1487. — *Le Doctrinal de Sapience;* Lyon, 1485, Guillaume Leroy. Je ne cite ici que les plus importants, et les premières éditions de ces livres à planches de bois, réimprimés un grand nombre de fois à la fin du XV° siècle.

(2) *La danse macabre, miroer salutaire pour toutes gens et de tous estats;* composée et imprimée par Guy ou Guyot Marchant, 1485. — *Chroniques de France abrégées;* Paris, Jéhan Trepperel et Jéhan Jehannot, 1494. — *Lancelot du Lac;* Paris, Antoine Vérard, 1494. — *La Bible des poètes, Métamorphose d'Ovide;* Paris, Antoine Vérard, 1493.

ployés soit pour le dessin, soit pour la taille de leurs vignettes, et qui sont restés inconnus. Leurs gravures restent dans les données des planches que nous avons vues ailleurs ; s'il y a quelques traits à noter de plus, c'est le raccourci des hachures, la pénurie des fonds et l'emploi plus fréquent qu'on y fait de parties échiquetées ou tout à fait noircies. Elles étaient d'ailleurs destinées à recevoir un coloriage à la main ; on les trouve enluminées dans les plus beaux exemplaires. Quant au style de ces premières vignettes françaises, le principal mérite en est |dans cette crudité des fruits primitifs de l'art qui plaît à certains goûts, comme à d'autres plaisent mieux les fruits trop mûrs et déjà gâtés ; mais je ne crois pas les trop louer en disant que, sans dissimuler toujours une imitation allemande, elles portent dès-lors le germe des qualités que nous verrons fructifier plus tard dans l'École française : la variété, l'esprit dans la grossièreté, l'allure vive et vraie ; au lieu de dire qu'elles sont gothiques je dirai qu'elles sont gauloises, pour exprimer l'accent natif et l'air goguenard de leurs figures. Leur parenté avec notre vieille poésie, dont le style gaulois, la bonhomie et le gros sel ont tant de charme pour les adeptes, est d'ailleurs évidente. En voici deux échantillons :

Le premier est tiré du *Propriétaire des choses*, imprimé à Lyon, par honorable homme Matthieu Hutz, maistre en l'art de impression : la *Création de l'homme*. Le Père éternel, assis dans sa gloire nébulée, coiffé d'une tiare à triple couronne, la barbe cunéiforme, les yeux saillants, faisant le geste hiératique du dextrochère, souffle une petite âme, qui pique une tête vers le corps de l'Homme étendu inanimé sur le gazon. Le dessin en est carrément fait et la taille tout élémentaire, en hachures rares, courtes, mais suffisamment disposées pour l'effet et l'expression exigés. C'est bien l'image de ce Dieu intervenant au dénouement des mystères, pour dire :

> *Je sui qui toutes choses fis*
> *Du nient, je sui celui qui père et fils*
> *Sui de ma fille et de ma mère.*

et qui s'en retournait en ajoutant :

> *Or sus ! notre procession*

> *Parfaisons en alant els cieulx*
> *Et chantes anges! c'est le mieulx*
> *Que je cy voy.*

Le Roman de la Rose, imprimé à Lyon par Guillaume Leroy, nous fournira le second exemple : *Oyseuse ouvrant à l'amant le jardin d'amour.* La belle, vêtue d'un surcot à pli de corps, coiffée d'un chaperon en tourelle et relevant sa robe d'une main, reçoit, en busquant sa taille, les hommages de l'amant agenouillé ; le dessin en est tout angulaire, et la gravure d'une mesquinerie à peine relevée de quelques parties de fonds fuselées ou noires ; il y a pourtant ce grain piquant que l'on ne saurait mieux décrire, qu'en citant la beauté même dépeinte *quant aux douaires de nature* dans les vers de Jean de Meung :

> *Cheveulx eut bloncs comme ung bassin*
> *La chair plus tendre qu'ung poussin*
> *Front reluysant, sourcilz voultiz*
> *Large entroeuil et les pieds petits...*

3. Une gloire plus certaine revient aux graveurs français pour la composition des Heures gothiques publiées par les libraires et les imprimeurs de Paris. Les Anglais ont peut-être été les premiers à en signaler le mérite : Dibdin, dans le *Bibliographical Decaméron,* et Ottley, dans son *Histoire de la Gravure.* Ce dernier a fort ingénieusement noté les perfectionnements qu'elles amenèrent dans la gravure en bois : «Les bordures ornées qui entourent souvent les tailles de dévotion de ce temps furent rendues plus saillantes à l'œil, par l'opposition de larges lignes blanches et noires. Quelquefois les espaces intermédiaires d'une plus grande étendue, furent ravivés de points blancs, taillés ou peut-être piqués à intervalles égaux sur la planche, ou décorés de brins de feuillage, de petites fleurs relevés sur le fond par le même procédé. Les gradations des ombres commencèrent bientôt à être essayées sur les figures et sur les autres parties de la planche de bois, par le moyen des points blancs plus ou moins grands, et rapprochés suivant le degré d'ombre requis. Ce procédé paraît avoir été pratiqué à Mayence, entre autres lieux, à une époque rapprochée de l'invention de la typographie. Occasionnellement, les gra-

veurs sur bois des autres pays s'en emparèrent, principalement ceux de Paris, où furent imprimés à la fin du XVᵉ siècle et au commencement du XVIᵉ, de nombreux livres de prières, dans lesquels les bordures des pages furent décorées de figures très-délicatement gravées, et relevées sur un fond noir marqueté de petits points blancs, avec une grande délicatesse de main-d'œuvre [1]. »

On peut admettre que les livres imprimés à Mayence donnèrent les premiers exemples des vignettes à fond noir semé d'ornements blancs; les lettres *flories* du Psautier de 1457 ont, en effet, des ornements blancs sur fond noir; et on ne retranche rien pour cela du mérite des graveurs français, qui les ont pris aussi des manuscrits, et les ont seuls portés à ce degré de fécondité et de perfection relatives qui constituent une manière originale. Les Allemands, qui avaient autrement commencé, suivirent aussi, dans leurs gravures en bois, des procédés tout différents, un mode plus expéditif, moins précieux, imitant la facture rapide et pittoresque des dessins au crayon et au lavis. Les artistes français, au contraire, se proposent toujours l'imitation des miniatures.

Les Heures gothiques ont été parfaitement décrites comme livres par M. Brunet; un autre bibliographe [2] a aussi donné de curieux détails sur quelques-uns des sujets qui y sont représentés, mais il reste encore beaucoup à dire de leurs gravures. La taille en est délicate, précise, ombrée de hachures diagonales très-sobres, leur effet résultant généralement des fonds noirs semés de points blancs; les détails de végétation, d'architecture flamboyante et de mobilier y sont précieusement indiqués, mais les plans à peine rendus avec de très-rares lointains et quelques fonds agréables de ville. Quant aux figures, pour les décrire il faudrait ajouter aux qualités ou aux défauts que je signalais tout à l'heure, la dextérité, la gentillesse et une dose considérable de naïveté sans doute, mais aussi de finesse, de raillerie et de liberté, je dirais libertinage, si le mot pouvait être pris dans le sens favorable qu'on lui donnait encore

---

(1) Ottley; *History of Engraving*, pag. 754.
(2) Peignot; *Recherches sur les Danses des Morts*, 1826, in-8º.

au XVIIe siècle ; ce sont les qualités les plus saillantes de l'esprit français de ce temps.

Le Christ et la Vierge y sont représentés à tous les âges avec une convenance qui manque souvent aux gravures en bois des livres vulgaires : Jésus souriant dans la nudité de son enfance, déjà sérieux sous la prétexte de l'adolescence lorsqu'il parle au milieu des docteurs, doux et grave, la barbe rare avec la tunique et la toge dans les Miracles, les Paraboles et la Passion, paraît après la Résurrection couvert du pallium et dans la plénitude de son type hiératique, une face symétrique, des cheveux abondants et des yeux fixes. Marie, vêtue d'abord de la tunique modeste de la jeune fille, lorsqu'elle monte les degrés du Temple ou qu'elle est occupée à *tissier* devant son métier, puis naïve et tendre sous le léger voile de la mère, paraît accablée de douleurs sous de longs habits de veuve ; elle nous donne dans son type le plus touchant la Madone des Mystères :

Il est mez fils, je sui sa mère
Pas ne lui dois estre amère.
Hé! faux juifs, vous le m'ostez
Je le portay en mez cotez
IX moys, du layt de mez mamelles
Je l'alestay.........
(*La Résurrection de N. S.*)

Le graveur des Heures payait aussi quelque tribut à Satan : Bethsabée, qui étale librement ses charmes à la fontaine de son jardin, est une beauté plus intentionnelle que réussie, sans doute, mais le type en est de tous points français et décrit trait pour trait par Villon dans des vers que je ne citerai pas jusqu'au bout :

Le beau nez ne grand ne petiz,
Ces petites joinctes oreilles,
Menton fourchu, cler vis traictis.....
Ces gentes espaules mesnues
Ces bras longs et ces mains traictisses........

Mais des figures prises isolément ne sauraient donner une idée de la diversité des Heures gothiques, depuis l'académie anatomique qui représente au frontispice les tempéraments et les rapports des viscères avec les planètes, académie d'ailleurs correcte, malgré ses extrémités pataudes, jusqu'à l'horeloge de la Passion qui les termine. Les heureux possesseurs de ces livres, car on doit croire qu'ils étaient d'un haut prix, pouvaient laléger les longues heures des offices en parcourant sur les marges de leurs prières, le petit monde de leur temps : jeux des enfants à cline mucette et au chevau fondu, entretiens amoureux des jouvenceaux, caroles et noces, cultures, métiers ; puis marge à marge, les histoires de Joseph et de Suzanne, les Saints, les martyrs, les sybilles, les vertus, les triomphes de César; et parfaisant le tout, la danse macabre des hommes et des femmes. Qu'on se garde de chercher ici la composition et l'expression de la danse d'Holbein, postérieure de 70 ans; mais vue à sa place, la danse de Simon Vostre atteint son but, et peut plaire autant par l'esprit de la composition que par l'adresse de l'exécution : la Mort, personnage goguenard autant que fâcheux, entraîne avec une mimique expressive le patient, qu'il soit empereur ou pape, ménestrier ou moine, avocat ou amoureux, abbesse ou espousée, bourgeoise ou mignote, leur lançant son tercet satyrique :

> Les corz bien fais, ces femenins visaiges
> Paintz et fardés reluisantz comme imaiges
> Fais rediger en matière poulrrie.

Toutes ces personnes sont vêtues à la mode du temps de la reine Anne, et doivent être soigneusement examinées par les antiquaires qui voudront étudier la cotte française et le surcot, les étudier à fond, comme on fait le *chiton* dorien et *l'himation*. Ils y trouveront des modèles précis : pour les costumes de femmes, la robe de veloux sur veloux, à grandes et à petites manches fourrées d'hermine ou de menu vair, le mantel de satin pour espousée, à longue queue brochée d'or à signes et rosettes, le chapel à bourrelet brodé d'or souldis et chargé d'orfavreries; pour les hommes, le pourpoint de soie ou de fustane à grandes assietes, la houppelande de drap de laine, longue ou à mi-jambe, à manches ouvertes ou closes, le chaperon de veluyau semé de bouts d'aguillettes plates pendant [1]. Pour moi, qui ne cherche qu'une manière de graveur, je

---

(1) Inventaires et comptes publiés par M. de Laborde; *les ducs de Bourgogne*, t. I et II, *passim*.

me contenterai de signaler une fois de plus, l'esprit, la vérité et la finesse de tous ces personnages; leurs têtes piquantes, leurs gestes vifs, leurs attitudes naïves. Sans sortir des données gothiques, on voit quel pas l'art a fait depuis le temps, antérieur de trente ans à peine, où la gravure ne savait rendre que des figures automatiques.

Quant à l'ornemention de ces vignettes, il y a longtemps qu'on a appris à en admirer le caprice et la richesse. Elle est d'essence toute française, venue des manuscrits français, dont les ornements, comme on sait, diffèrent des ornements allemands. Les feuilles, fleurs et arabesques conservent dans le genre allemand un arrangement naturel; tandis que dans le genre français, cet arrangement est d'imagination et tout pour l'effet. Les êtres fantastiques et burlesques, mêlés aux feuillages et aux fleurons de nos vignettes, ont même tous un nom dans la langue française du temps, comme ils avaient une forme dans l'art gothique. Nous les trouvons sculptés aux tympans des portes d'église, aux miséricordes, dans les gargouilles et sur les huches, comme nous les avons ici gravés. Ce sont des manticholes, des cauquemares, des marmousets, des gryphons, des magnigoules, des coquecigrues se jouant au milieu des concourdes, des filipendoles, des manequins et des infoliatures.

La manière des vignettes des Heures gothiques régna assez longtemps dans les ateliers des libraires de Paris. Ils reçurent bien quelque influence des importations étrangères, de l'établissement à Paris de quelques imprimeurs allemands et de la connaissance des livres publiés à Nuremberg et à Venise; ils échangèrent bien quelquefois leurs fonds criblés pour des fonds à jour, leur dessin trapu et précieux pour le faire plus large, plus gothique, ou plus grimaçant des allemands, leurs ornements ogivaux pour les portiques de la Renaissance italienne; il y a même telles grandes vignettes de nos Heures qui laissent volontiers supposer la connaissance des estampes de Martin Schongauer ou de Mantegna; mais malgré ces emprunts et ces échanges, la gravure française conserva les caractères que nous avons signalés, jusqu'au temps de François Ier.

Qui sont donc les graveurs des Heures françaises? Nous ne les connaissons pas mieux que nous ne connaissons les miniaturistes de nos manuscrits, les huchiers qui ont sculpté nos chaieres et nos dréchoirs. On

peut admettre cependant, pour une certaine part dans leur composition,
les imprimeurs et libraires qui les ont publiées, qui les ont marquées
de leurs initiales et de leurs devises historiées et gravées dans le même
goût que les vignettes. Quelques-uns d'entre eux furent probablement
dessinateurs et graveurs. SIMON VOSTRE, libraire, publia les premières et
les plus parfaites, de 1486 à 1520, avec le concours de PHILIPPE PIGOU-
CHET et de quelques autres imprimeurs. Les initiales entrelacées du premier, qui se rencontrent sur d'autres livres à figures, du même style que
les Heures, pourraient bien indiquer qu'il mit la main à la gravure de ces
vignettes. GERMAIN HARDOUIN, dont les Heures moins riches que celles de
Vostre se distinguent par des encadrements tout nouveaux, faits de pilastres et d'entablements empruntés à l'architecture italienne, est qualifié
dans ses Heures mêmes, *in arte litterarie picture peritissimus.* Il serait à
souhaiter pour son honneur, que ces mots ne s'appliquassent point au
coloriage ajouté primitivement à un grand nombre d'exemplaires, opération
qui a trop souvent couvert d'une couche épaisse le trait et les hachures,
et transformé de jolies gravures en miniatures médiocres. THILMAN
KERVER, libraire et imprimeur flamand établi à Paris, s'est aussi qualifié,
peritissimus calchographorum. A tous moments peuvent être exhumés les
titres certains de ces calcographes, au dessin et à la gravure des vignettes
qu'ils publiaient, ou du moins les noms des dessinateurs et des tailleurs de
bois qu'ils choisirent et dirigèrent.

Papillon, historien de la gravure en bois, plus curieux qu'éclairé, bien-
veillant pour l'École française, même alors qu'il la trouvait *ensevelie dans
le plus captieux gothique,* a signalé le mérite des Heures de Simon Vostre,
gravées d'une délicatesse extraordinaire [1], et il attribuait l'exécution des
vignettes à Iollat, le maître au signe zodiacal de Mercure, à qui il donne
également les gravures des Heures de Godart, en 1520, et des livres de
Simon de Colines, en 1530. Le capitaine Malpé et l'abbé Bavarel, dans
leur livre écrit avec trop peu de critique, en continuant de flétrir nos

---

[1] *Traité historique et pratique de la gravure en bois* ; Paris, 1767, 2 v. 8°, t. I, p. 150.

Heures de l'épithète de gothiques, ont répété sans les contrôler les assertions de Papillon; ils n'ont eux-mêmes reconnu le signe de Mercure que
sur les planches d'un livre de 1536 [1]. Je n'ai trouvé le nom et la marque de Iollat que sur des planches de livres imprimés vers le milieu du
XVI° siècle, et la gravure en est faite dans une manière toute différente
de celle que je viens d'indiquer.

Les Heures gothiques furent continuées pendant une partie du XVI°
siècle, par les libraires Guillaume Eustace, Guillaume Godart, François
Regnault; mais ces éditions, bien que composées dans la même manière,
s'éloignent toujours davantage de la distinction des éditions de Simon
Vostre. Pendant ce temps, les imprimeurs avaient adopté la lettre ronde
ou italique, et à côté s'introduisit bientôt une manière toute nouvelle de
gravure sur bois, que nous examinerons en son lieu.

La revue que je viens de faire de la gravure du XV° siècle n'épuise pas
sans doute les estampes intéressantes du premier âge de l'art; il y en a qui
ont échappé à cette classification par incertitude de leur origine; d'autres
me sont restées inconnues : la calcographie compte parmi ses dilettanti
plus de thésauriseurs que de généreux dispensateurs de ses raretés. Telles
sont du moins mes indications; mon but n'était pas de découvrir les
estampes embryonnaires, ni de pénétrer les obscurités des anonymes où
il reste tant de découvertes à faire, ni même d'aborder les difficultés des
monogrammes, dont la manie devint si grande parmi les allemands, et
qui donnent à des estampes, souvent insipides, l'attrait d'un rébus.

La gravure du XV° siècle, telle que je l'ai considérée dans les quatre
principaux états de l'Europe, se développant de deux côtés, en relief sur
les planches de bois, et en creux sur les plaques de métal, venant donner
la vie aux *enleveures* des orfèvres, l'esprit aux tailles des imagiers, la
popularité aux vignettes des enlumineurs, peut être ramenée à quelques

---

(1) *Notices sur les graveurs*, etc.; Besançon, 1807, 2 vol. in-8°.

résultats généraux. La gravure en bois continue et étend la miniature, peuple la théologie, la mythologie, la poésie et l'histoire d'une foule bigarrée de figures qui, sans souci de la vraisemblance de temps et de lieu, représente le siècle lui-même dans son habit, son geste et sa physionomie, de plus près et plus familièrement que la sculpture et la peinture. Au milieu de ces figures, toutes imprégnées des habitudes gothiques, où les artistes ne peuvent encore faire ressortir leur individualité et fixer leur type, un nouveau rudiment du beau fait son éclosion; les images de la Vierge et du Christ échappent à l'attitude uniforme et à l'air béat des patrons hiératiques, et accusent, sous le vêtement consacré, la convenance et la force des membres, la douceur et la dignité du visage. L'académie aussi paraît, avec l'intention marquée d'une beauté propre à la forme humaine, étudiée sur la nature. Parmi toutes ces planches restées anonymes, les plus certaines d'origine et les plus satisfaisantes viennent de la Flandre en 1440, sortant du milieu où florissait depuis vingt ans l'École des van Eyck.

La gravure au burin, plus lente à se répandre, mais dès le début plus personnelle, produit, après beaucoup d'essais rudimentaires, deux types capitaux: celui de Mantegna, en Lombardie, et celui de Schongauer, en Alsace, qui rayonnent par-dessus tous les autres et expriment la beauté comme on la vit dans deux centres de civilisation en 1480, une cour princière d'Italie et une ville libre de l'Empire. Ces acquisitions faites, la France de Charles VIII, comme la belle fille du proverbe, vient donner à la gravure les plus délicates et les plus spirituelles heures qu'il fût possible de figurer alors.

Extrait des Mémoires de l'Académie des Sciences et Lettres de Montpellier, section des Lettres.

TABLE

DES MAITRES GRAVEURS DU XVe SIÈCLE.

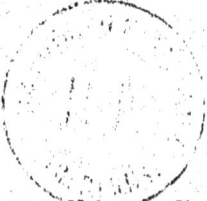

---

www.ingramcontent.com/pod-product-compliance
Lightning Source LLC
Chambersburg PA
CBHW052036270326
41931CB00012B/2509